The Unique World

方 寸

方寸之间　别有天地

猫が歩いた近現代

猫 走过 的 近现代

[日] 真边将之 著

袁甲幸 译

从妖怪到家人

化け猫が家族になるまで

社会科学文献出版社
SOCIAL SCIENCES ACADEMIC PRESS (CHINA)

NEKO GA ARUITA KINGENDAI - BAKENEKO GA KAZOKU NI NARU MADE

by MANABE Masayuki

Copyright © 2021 MANABE Masayuki

All rights reserved.

Originally published in Japan by YOSHIKAWA KOBUNKAN Co., Ltd., Tokyo.

Chinese (in simplified character only) translation rights arranged with YOSHIKAWA KOBUNKAN Co., Ltd., Japan

through THE SAKAI AGENCY and BARDON CHINESE CREATIVE AGENCY LIMITED.

目 录

引言 为什么要思考"猫的历史" 001

第一章 猫的"黎明前":前近代猫的形象 005
  1 猫的"明治维新"和江户时代的"猫热潮" 005
  2 明治初期人们对猫的认识 015

第二章 近代猫形象的诞生:猫"翻身做主"的过程 029
  1 明治时代的文豪们和猫 029
  2 绘画界"猫的近代"的到来 041

第三章 国家掀起的"猫热潮":猫的三日天下 059
  1 饲养"猫畜"的大号令 059
  2 "猫下岗"和猎猫人 073

第四章 猫的地位提升和苦难:动物保护和震灾、战争 088
  1 在虐待和保护之间 088
  2 震灾、战争和猫 106

第五章 猫的战后复兴和经济高速增长：猫的"婴儿潮"	130
1 从偷偷"吃猫"到战后复兴	130
2 猫文化的勃兴和猫的社会问题化	143
第六章 现代猫生活的建立：经济高速增长时期结束之后	172
1 猫生活急剧变化的时代	172
2 慢性"猫热潮"的光和影	190
3 作为"社会成员"的猫	211
终章 猫的近代／猫的现代意味着什么	234
后　记	239
注　释	243

引言
为什么要思考"猫的历史"

　　但凡我跟人说要写猫的历史，对方往往会有两种反应，或是"很有趣"，或是"为什么要写这么无聊的东西"。现在拿起这本书的人之中，估计持前一种反应的人居多，但也不排除有持后一种反应的人。我希望那些对猫不屑一顾的人也能成为这本书的读者。请耐下心来，继续看下去。因为"猫这么无聊的东西……"这种想法本身，已经是"猫的历史"的一部分。

　　没有留下（或没法留下）文字记录的人往往会被历史遗忘，这在历史学界已是老生常谈。如何才能让"不发声"或者"无法发声"的存在成为历史的主角？为了克服这个困难，历史学家尝试过很多办法。但从这个角度来说，比起社会底层、弱势群体或诸多被压迫的阶层，动物才是更没有话语权的"弱者"。既然动物本身不能说人话，我们就几乎不可能站在动物的立场来叙述历史。就算以史料，即人类的记录为依据，必然也只能描绘出人类所看到的人类和猫的关系，换言之，只能写下人类如何看待猫的历史。

既然猫的历史不过是人类如何看待猫的历史，那么人类不管对猫有没有兴趣，是喜欢还是讨厌猫，这些态度都是"猫的历史"的组成部分。不仅仅限于猫，任何"动物史"，本质上都存在着同样的困境。但同时，正因如此，对人类而言"猫的历史"或许会很有价值。因为猫的历史，正是通过猫反映出的人类自身的历史。

不难想象，以猫为首的动物和人类的关系极为复杂。既有很多人爱护动物，也有很多人穿着用动物的生命换来的皮毛，用着经过动物实验开发出来的商品。爱猫、爱狗的人，基本不会以猫狗为食，但对食用牛肉、猪肉，往往没有任何抵触。此外，并没有那么多人关心大学或者研究机构用猫、狗来做实验。对人类而言，动物时而是可爱的宠物，时而是食材、商品，时而又是实验材料。追溯历史，这种不能一概而论的关系，显得更为繁复且富于变化。从这个意义来说，思考动物的历史，就是借助动物这个异类，通过历史这面镜子，来反观人类社会。

泛滥于街头巷尾的"猫史"通俗读物之中，不乏日本人自古爱猫、珍视猫的天方夜谭。我因为自己喜欢猫，所以会觉得如果真的如此该多么美好，可惜现实不能凭空想象。既有人爱猫，也有人讨厌猫，觉得它们随心所欲甚至令人发怵。这本书里还会提到，同样是"爱猫"，过去和现在的内涵也大不相同。曾经一段时间内，那些世人公认的爱猫人士会毫不犹豫地遗弃猫，或是虐待猫。"日本人自古爱猫",这种单纯、肆意的历史叙述,不过是今天的"猫奴"们把自己的美好愿望投射到历史上而已,并没有正视猫所走过的历史。这种态度,对那些已经作古的猫而言,实在有失诚实。

再者,眼下以猫为题材的历史书多止步于江户时代,还没有哪位史家在真正意义上聚焦过明治以后。但纵观日本猫史,变化最为激烈、和现在关系最为紧密的,无疑是这个时期。不回顾猫在近现代史上的境遇,就无法得知人类和猫的关系经历了怎样的过程,才发展到今天的地步。

鉴于以上缘由,这本书将讲述日本近代和现代的猫的历史,从而思考对猫而言,"近代""现代"到底意味着什么。当然,前面已经说过,"猫的近代""猫的现代",反映的终究不过是人类社会对猫的看法而已,而人类社会对猫的看法又不能一概而论,其中涉及种种爱恨,复杂而富于变化,也由此引发了各类纠纷。

当今世界,社会的割裂和对立日趋严重。回顾历史上对猫的看法的"割裂"以及由此引发的冲突,不仅有助于考虑今后猫和人类的关系,也为我们在思考持有不同价值观的人该如何共生共存这个问题时,提供重要的参考。也许这在逻辑上不够连贯,但我还是想说,猫的问题,正是今后民主主义要面对的课题。所以我才会在开篇说"希望讨厌猫的人也能读这本书"。希望读者能借助猫这个熟悉的存在,回溯近现代的历史,思考今后猫与人类的关系——或者说,与猫共存的人类社会的未来。

关于书中所引用的史料，我对其中的一部分进行了修正，将参考文献中一部分多次引用的报纸分别略记为《朝日》《每日》《读卖》[1]。

---

[1] 《朝日》即《朝日新闻》，本社位于大阪，1888年起《大阪朝日新闻》和《东京朝日新闻》分立，本书中将之分别简称为《大阪朝日》和《东京朝日》，1940年两者合并。《读卖》即《读卖新闻》。《每日》即《每日新闻》，在1911~1943年也分《东京每日新闻》和《大阪每日新闻》，本书中将之分别简称为《东京每日》和《大阪每日》。——译者注。本书注释如无特殊说明，均为译者注。

第一章
猫的"黎明前":前近代猫的形象

1 猫的"明治维新"和江户时代的"猫热潮"

猫的"近代"始于何时?

要问日本的近现代史从何算起,或许会有很多人回答"明治维新"。2018年(平成30年),借"明治维新150周年"之机,以各地博物馆、资料馆的特展为首的诸多回顾明治时代的活动,至今仍让人记忆犹新。那么,对猫而言,明治维新也能算是近现代史的起点吗?

从结论而言,明治维新并没有给猫的生活带来什么影响。明治这样的时代划分,不过是人类社会的标尺。对猫而言,直到明治中期,其处境相比江户时代,并没有太大变化。猫的世界里,并不存在"明治维新"。当然,后面我会讲到,明治维新之后,随着日本的近代化,人类对猫的看法和对待猫的态度都随着人类社会的变化而逐渐发生改变。从这个层面来说，不能否认其有间接的影响。但直观地看，明治维新暂时没有给猫的生活带来巨大的变化。

明治维新之后，在"文明开化"的大潮之中，肉食文化备受推崇，但猫的伙食并没有因此改变。吃肉不过是上流阶级的时尚，对一般家庭而言还为时尚早（肉类的消费量要等到战后经济高速增长时期①才超过鱼类）。明治时代的猫粮和江户时代基本无异，或是在大米、杂粮里加入鲣鱼片、味噌汤的"猫饭"，或是诸如鱼骨头之类的残羹剩饭。非要说有什么变化，不过是随着牛奶在日本社会中的普及，有好事者（只怕也是少数）开始给猫喂奶罢了。

就这样，在明治维新之后的一段时期内，猫还是过着"前近代"式的生活。本章将描述江户时代后期到明治中期，即"近代以前"的猫的处境，这是考察近现代的猫之前需要把握的"前史"。

江户时代的"猫热潮"？

说到江户时代的猫，近年，歌川国芳②以猫为题材的浮世绘备受瞩目，或许让不少人错认为在江户时代人人爱猫。甚至有人主张，江户时代也曾有过"猫热潮"。的确，江户时代有不少爱猫人士，国芳也是其中之一。这一时代出土的猫坟和安葬于其中的遗骨，证明有不少猫得到过人类的关爱。但在江户时代，真的有过"猫热潮"，即爆发性的养猫风潮吗？

---

① 1955~1973年。本书中的"战后"，均指二战结束后。
② 歌川国芳（1798~1861），日本江户时代著名浮世绘画家。

图 1　喜多川歌麿《美人出浴》

图2　歌川国芳《猫的纳凉》(东京国立博物馆藏)
图源：TNM Image Archives

　　主张江户时代有过"猫热潮"的人，多会提及歌川国芳的作品。诚然，国芳给江户时代的猫画界带来了巨大的影响。当时浮世绘里的猫，很多都如图1喜多川歌麿的作品所示，作为点缀物被放在美女身边，是衬托主角的小配角。正是国芳，让猫摆脱了陪衬的地位。他或是以猫拟人，或是用猫脸来表现歌舞伎演员的肖像，用异想天开的构思把猫画成了主角。

国芳的人气

　　读到这里或许有人会说，既然国芳用拟人的手法把猫画成了

"主角"并为之博取了人气,那不就意味着"猫热潮"出现了吗?但问题是,主推"江户猫热潮"的展会,展出的多是国芳及其门下弟子的作品。其他画家有争相追随着画猫吗?事实并非如此。既然只有国芳和他的弟子画这种题材,那么这最多只能算是"国芳的画"走红不是吗?

这里我们应该思考的是,国芳的浮世绘备受推崇,真的是因为画的对象是"猫"吗?国芳作品的本质,在于"奇想"。[1]也就是说,这些作品独具匠心,让人觉得震撼、有趣。以猫为题材作画,不过是"奇想"的一种表现手法而已。

那么,国芳所画的猫,具体呈现什么"奇想"呢?他的画多把人物拟为猫,其中有很多歌舞伎演员的肖像。这种手法富于趣味性,是国芳的画广受欢迎的重要原因。1842年(天保十三年)正月新版合卷①《花红叶锦伊达伞》[2]的序言写道:"如今,世间就数国丸的蹴鞠杂技②、国芳以猫拟人的'百面相'和'男之助'最为流行。"后人常引用这句话来表现国芳作品的人气。"百面相"指的是一系列歌舞伎演员的肖像画,"男之助"则是以仙台藩伊达家的内乱为题材的歌舞伎作品《伽罗先代萩》里的角色,全名荒狮子男之助。顺带一提,剧中荒狮子男之助登场时,踩住了正咬着卷轴的老鼠的尾巴,并试

---

① 江户时代流行的木刻版画通俗插图小说(在日本被叫作"草双纸")的一种类型。"草双纸"以图为主,配上以假名书写的文字。起先面向低龄人群,内容通俗、幼稚,18世纪后期,出现了面向知识阶层的"黄封面",一般5页装订成1册。到了19世纪,"黄封面"逐渐长篇化,5页为1卷,5卷再装订成1册,称为"合卷"。
② 当时有个叫菊川国丸的人,蹴鞠杂耍的技艺高超,很受欢迎。国芳作品《流行猫的曲鞠》就是用猫来表现他的技艺。

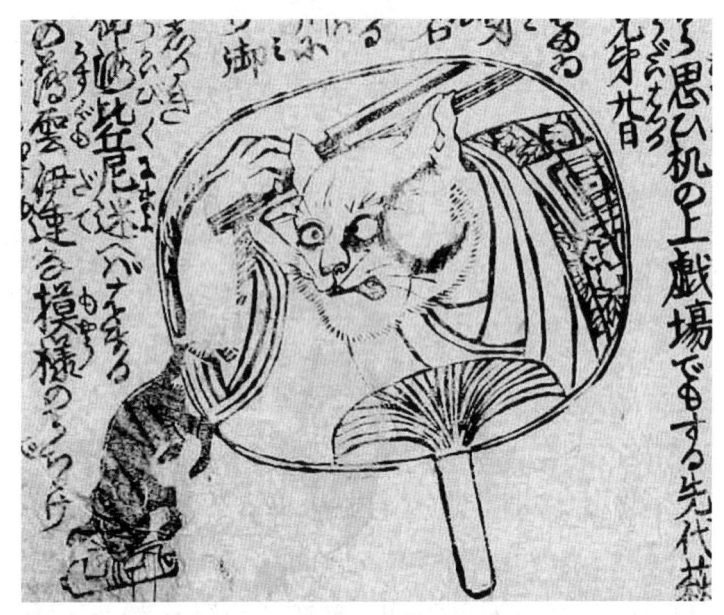

图3 将"荒狮子男之助"拟为猫的团扇画，出自美图垣笑颜作、歌川芳艳绘的《花红叶锦伊达伞》（红英堂，1842年，早稻田大学图书馆藏）。书中临摹了原画，并用文字介绍了这幅画如何广受欢迎

图抓住它。或许正因如此，把他画成猫，才更具趣味性①。国芳本人非常喜欢猫，所以才能活用猫的形态，画出栩栩如生的漫画。

但是，他的画之所以受欢迎，并非是因为猫本身，而是因为"比拟"这一手法，只要有趣，把猫换成狗或者老鼠也不碍事。事实上，国芳画过很多以猫以外的动物为题材的漫画。他画的"猫的百

---

① 该剧由仙台藩伊达家的奸臣们企图毒杀藩主继承人、被忠臣们阻止的历史改编。荒狮子男之助因他人逸言被主君疏远，但还是偷偷躲在地板下护卫，老鼠则是反角仁木弹正用妖术变身后的姿态。

面相"之所以走红，不仅仅是因为他把人画成了猫，更是因为他把每位演员的特征都表现得活灵活现，所以世人才会如此狂热。江户时代固然有很多爱猫人士，但和今天的"猫奴"一样，真正"宠爱"猫的人在整个社会里所占的比重微乎其微。如果国芳的画仅仅是为了表现猫的魅力，只面向那些少数的顾客，那么他的作品必然无法走红。

由国芳担当插画师，同样爱猫的山东京山[①]撰写的草双纸《胧月猫草纸》[3]之所以热卖，也是因为同样的原因。如果这部作品走俏仅仅是因为"猫热潮"，那么类似的作品陆续出现也不足为奇，但事实上，并没有出现这样的情况。

研究日本文学的津田真弓发现，国芳在插画作品中并没有特别积极地使用猫的形象。[4]《胧月猫草纸》畅销的事实和其原因是不是人们喜欢猫，原本就是两回事。可是最近，有人看到当时画着猫的作品热卖就不假思索地认为当时有过"猫热潮"。如果真是这样的话，草双纸的作者为何没有积极地让猫登场呢？

驱鼠画

顺带一提，江户时代还有一种著名的猫画——驱鼠画。人们时常将它和国芳的作品并举，以证明在当时猫有多么受欢迎。国芳也画过一些驱鼠画，但最有名、现存数量最多的，当数新田义贞的后

---

① 山东京山（1769~1858），江户时代后期戏曲家。《胧月猫草纸》讲的是一只母猫和恋人私奔的冒险故事。

图4 新田的猫画（太田市立新田庄历史资料馆藏）

人、岩松家的历代家主所画的"新田的猫画"①。

那么，这类绘画的流行能否算作"猫热潮"的一种表现呢？回答是否定的。人们张贴这些画，并不是因为觉得猫可爱，而是为了驱鼠。在江户时代的农村，尤其是养蚕的农家，出于现实需要，往往会养猫驱鼠。既然有功利目的，那么人们如果发现猫不会抓老鼠，就会嫌弃它们，甚至把它们赶出家门。明治时代的杂志里写道："不会抓老鼠的猫不过是像寄生虫一样麻烦的畜生。"[5] 想来此前，类似

---

① 新田义贞是镰仓幕府末期到南北朝时期的武将，曾响应后醍醐天皇的号召，率先攻入镰仓，后在权力斗争中败给了足利氏，直系后裔就此断绝。岩松家自称是新田家后裔，在江户时代成为将军家直属的家臣，历代家主都会画猫并将画发给农民。从第18代温纯（1738~1798）开始，到德纯（1777~1825）、道纯（1797~1854）、俊纯（1829~1894），这4代尤为出名。他们的画甚至在领地周边地区也很受欢迎。

的想法定是司空见惯的。1876年（明治9年）的报纸报道："武州八王子一带的养蚕工场为驱鼠而养猫，效果甚微，近来改用药物灭鼠，又导致猫误食灭鼠药的案例层出不穷。"[6]人们重视的终究是捕鼠而不是猫。

招财猫

主张江户时代有过"猫热潮"的人，往往还会提及招财猫的盛行。江户后期，以东京浅草今户烧的招财猫、大阪住吉大社每月初辰参拜时才有的招财猫[①]为代表，全国各地制造的招财猫，作为招财进宝的吉祥物备受追捧确是事实。但这种流行，究竟能不能算是"猫热潮"呢？诚然，招财猫是猫的派生商品，但人们购买它，仅仅是因为它的外形是猫吗？如果人们只是为了代替真的猫而购买招财猫，那么猫本身也应有招财或招揽顾客的意味，为了祈福，人们争相养猫也不足为奇。事实上，那时候人们养猫，并没有现代人养"招牌猫"或"福猫"这样的感觉。我认为，当时的招财猫不过是被当作求保佑的人偶或装饰品，和现实中的猫存在差别。

研究演艺史的前田宪司认为，在江户时代的文艺作品里，"猫往往带有魔性或者色情的色彩"，"未见有猫以求福、招财的意象登场"。

---

① 正式的名称是招福猫，奇数月举左手招人，保家庭安全，偶数月举右手招财，保生意兴隆。凑齐48只小猫可以换中猫，凑齐48只小猫加2只中猫可以换大猫，总计24年可以凑齐举左右手的大猫，这就算功德圆满。

第一章 猫的"黎明前"：前近代猫的形象　013

图5 岛霞谷于19世纪60年代拍摄的猫应该是日本第一张猫的照片（岛荣一藏，群马县立历史博物馆提供）

这一特征在落语①里和狗相比尤为显著。前田说，在落语作品中，猫像人一样说话的时候，"总会让人觉得有些恐怖"。[7]歌舞伎同样如此。"日本传统戏剧里就算猫登场也都是妖魔鬼怪，不是什么正面形象。它们引起骚动，最终被消灭，实在不堪。"[8]因此，基本上没有招揽福气的意味。换言之，招财猫的流行丝毫没能改变现实中猫给人的印象。招财猫虽然由猫派生而来，但和现实中的猫并不是一回事，仅仅作为"招福的人偶"被消费和流通。

以上介绍的国芳以猫为题材的浮世绘、驱鼠的猫画、招财猫无疑都很畅销，风靡一时。如果单纯罗列这些事实，的确会让人产生

---

① 日本传统曲艺之一，类似中国的单口相声。

江户时代有过"猫热潮"的错觉。但这几样东西的流行，有着各自不同的历史脉络，并不意味着猫本身有人气。我之所以反复强调这一点，是因为江户时代有过"猫热潮"的观点，不过是把现代人类和猫的关系，又或者说是一种期许投射到过去，是非常片面的认识。那么，从江户时代到明治时代，人们究竟如何看待猫呢？且听下文分解。

2 明治初期人们对猫的认识

对猫的感觉与现代人不同

从江户时代到明治初期，毫无疑问有一定数量的人真的爱猫。但那时候的人"爱猫"，和现代人"爱猫"的感觉并不一样。比如，由于当时避孕和阉割的技术尚未普及，猫自然不断繁殖。"猫若多产，保留其一，多余者尽数投入河海，此风盛行。"[9]正如这段文字所示，很多幼猫都被杀死了。这段引文的作者甚至提议，扔了可惜，不如以猫为食。这篇文章出自正经的农业杂志，所以作者并没有开玩笑，而是在认真地推广自己的见解。由此可见，人们就算养猫，大多也是以自我为中心，出了什么问题就把猫赶出家门，杀死幼猫也不会有心理负担。从江户时代到明治时代，这样的态度非常普遍。当时，日本甚至有杀死婴儿的习俗[①]，夺取猫的性命更不算什么。到

---

① 主要原因是生活穷困或和人私通。幕府虽然不提倡，但也不会处罚这种行为。尽管明治时代的刑法中设有堕胎罪，类似的事情还是时有发生。

了明治时代，自家的猫偷了别人家的东西之后或被打死，或被沉入河里、海里，类似的报道屡见不鲜。像现代人一样觉得杀猫简直无法想象的人，在当时寥寥无几。

"猫神大人"的思想背景

但与此同时，也有一些地区把猫当作神来祭祀。这类风俗，主要集中在养蚕地带。比如在蚕丝业发达的宫城县丸森町附近，有不少猫神像和刻着"猫供养"字样的石碑。猫能保护蚕免受鼠害，这些石碑无疑是基于人们对猫的感谢之情而建的，但我认为，从供养猫到把猫奉为神，这种升华还需借助别的观念。

这里我们必须明确的是，和对猫的看法一样，古人对"神"的认识也和今人大相径庭。那时，森林深处、大山那边都是未知的世界。无法用现代科学来解释自然现象的人们，对自然怀有强烈的恐惧感。正是这种畏惧，让人们深信神主宰着天地万象。

比如，宫城县田代岛以"猫岛"闻名，吸引了大量游客，如今已成为"猫奴"的乐园。但那里的猫神，起源于被祭祀的猫妖，而不像网络上宣传的那样，把猫当作神是"因为岛民们爱猫"。1889年（明治22年）出版的《田代管见录》[10]收录了当地的民间故事，其中有一则就说岛上夜里有像狗那么大的野猫出没，"人皆惧之，如惧鬼神"。另外根据这本书的记载，该岛之所以禁狗，并不是像现代人宣传的那样，是因为岛民爱猫，而是因为有一旦有狗入岛就会打不到鱼的传说。

田代岛上的猫会附身于人，或是化为人形骗人。这样的掌故不但流传于岛内，在宫城县内其他地区也自古就有所闻。比如，如果带着猎枪或狗上岛，就会被猫妖攻击，非死即伤，所以人们才祭祀猫神；[11]又如，岛上没有狗是因为有只老猫把狗都抓起来吃光了，每逢雨夜它就如雷鸣般叫唤，并兴风作浪。[12] 这些传说告诉我们，人们把猫当作神来供奉，是出于深层的恐惧心理。

猫神作祟

关于田代岛猫神的由来，还有很多别的传说。一说是有户人家的儿子用石头砸厨房外的猫，猫瘸着腿跑了，不久之后，那儿子就断了一条腿，人们怕猫继续"作祟"，所以才在岛的中央设坛祭祀。[13] 前面提到的《田代管见录》站在知识分子的立场鄙弃这些民间传说，说它们"难以置信""令人喷饭"，还说"文明盛世岂容鼠辈胡言"等。但即便在明治维新后文明开化的浪潮之中，岛民对猫神的畏惧感依旧难以消除。当地还流传着这么一桩掌故。一位来岛上教书的老师批评祭祀猫神的风俗为"野蛮"之举，岛民们觉得既然老师都这么说，就开始不待见猫神。后来这位老师被调去网地岛①，每天晚上都被猫妖纠缠，最终精力耗尽，不得不回了故乡，随后一命呜呼。在田代岛，"人们甚至觉得没有被猫作过祟就不算岛上的人，'猫传说'不胜枚举"，[14] 对猫神的恐惧和对猫妖的恐惧有着相通之处。

---

① 田代岛附近的岛屿，同样有很多猫以及和猫相关的传说。在这里，"渔村"是两者共通的背景。

另外，这些被祭祀的猫神，多半被人类出于某些理由杀害，然后才出来作祟。冈山的富田町有个穷人叫田五郎，一天，他对着猫发牢骚，说你要是能听懂我说话，就给我弄个装着黄金的钱袋来。结果那天夜里，装着金币的钱袋真的掉进了家里。可是田五郎反而抱怨，说我不过是叨念了几句穷，你却当真了，如此不懂我心思的畜生留之何用，说着就把猫给杀了。此后，每天晚上到了那个时间，猫的怨魂都会出现。田五郎觉得害怕，就在家里一角盖了一间小祠堂，开始祭祀猫神。[15]精通猫的民俗的永野忠一[①]认为，现在很多人祭祀猫神以招福避祸的做法，最初都是出自害怕遭到怨灵报复的恐惧心理。[16]

涅槃图里的猫

就像这样，现代人和古人对"猫神"的理解之间存在距离。还有一个类似的案例就是涅槃图里的猫。所谓涅槃图，即以佛祖的涅槃，也就是临终时的场面为题材的作品。释迦横卧于娑罗双树之下，以北侧宝座为枕，向右侧卧，菩萨、天人、弟子以及无数的鸟兽围在四周，面露悲戚之色。通常，这类作品里不会出现猫，原因既可能是印度人不喜欢猫，也可能是印度原本就没有猫，尚无定论。然而，日本的某些寺院收藏着画着猫的涅槃图。

这些涅槃图受爱猫人士瞩目，有不少"猫奴"奔赴各地观赏。

---

① 永野忠一（1901~2003），民俗学者，诗人。

可是为什么画里会有猫却原因不明。寺里的僧人或画师喜欢猫的可能性自然不能被否定，但也有一些或许爱猫人士并不爱听的事例。比如，社会活动家、古代史学家渡部义通就回忆说，小时候附近的寺院里有释迦圆寂的挂画，上面画有黑白相间的花猫，每到涅槃会或盂兰盆节，寺里的和尚都会拿出这幅画，用长竹棍指着猫的部分说："都是因为这畜生追着被派去取药的老鼠不放，药来得迟了，释迦才去世。这畜生不像话，所以受到大家排挤。"[17]

在佛教世界里，猫的口碑很差。诚然，喜欢猫的僧人不在少数，不能说佛教徒人人讨厌猫。但据研究中世文学的田中贵子所说，她几乎从未在佛典里读到过要"珍惜猫、爱护猫"的内容。[18] 这样的解释和佛教的教理一致。对爱猫人士而言，猫被画在涅槃图里，并非全部出自他们喜闻乐见的理由。

猫的惨淡印象

对江户时代的人而言，提到猫首先会联想到猫妖、猫怪。"猫妖"的概念起于平安时代末期，到了镰仓时代，出现了具备妖力的猫怪，即"猫又"①的传说。这类意象有着悠久的历史。当然，能化为人形的动物种类繁多，起先猫还算不上最为典型的②。但到了江户时代，猫逐渐开始占据代表性的地位。尤其是在鹤屋南北的作品《独道中五十三驿》因"冈崎的猫妖"这一角色走红之后，有马、佐

---

① 有两条尾巴的老猫，能幻化为人形骗人，也能夺人性命。
② 最典型的是狐狸和貉子。

贺的猫妖等众多猫妖开始在歌舞伎剧目和草双纸作品中登场。① 说到猫,自然就会联想到猫妖、猫怪,这样的印象逐步形成。

江户时代,猫妖、猫怪不但是艺术创作的题材,在《类聚名物考》《续耳谈》《月令广义》《想山著闻集》《兔园小说》《新著闻集》《耳囊》《反古风吕敷》《近世拾遗物语》等文人编著的民间传说集、百科全书、见闻录里也屡见不鲜。对江户时代的人来说,猫妖不单单存在于虚构的故事里,在现实生活中也可能出现。

惧怕猫的风俗并非日本仅有,世界各地都可见类似的事例。猫很随心所欲,时而黏着人类不放,时而只顾自己感兴趣的事物,压根不搭理人类。前一秒还用圆溜溜的大眼睛看着你,后一秒瞳孔就收缩成竖条的细缝,露出狡猾的神色。更别提在黑夜里,猫眼会放射出异样的光彩。猫杀老鼠的方法也很残忍,会先把老鼠玩弄一番再夺其性命。很多人看到猫的这些行为,就觉得它们是表里不一的动物。这让猫妖、猫怪的传说变得更加真实可信。

另外要说的是,其实当时在江户的街头,随处可见猫的尸体。"即便是府下一流的街坊,巷子深处也是尘芥如山,猫鼠尸体成堆,夏季恶臭难耐,(中略)等到入秋,夜间但见鬼火飞舞。"[19] 就像这段话所描述的,猫的尸体被放置在街上,到了晚上有磷火浮动,这样的环境加深了人们对猫的恐惧心理。

---

① 鹤屋南北(第4代,1755~1829),江户时代后期歌舞伎、狂言剧作家。《独道中五十三驿》是他晚年的作品,于1827年首演。"五十三驿"是从京都到江户的东海道上的53处驿站,冈崎是其中之一。现在,冈崎的猫妖和久留米藩有马家、佐贺藩锅岛家的猫妖并称日本三大猫妖。

被比作艺伎的猫

从江户时代到明治初期,从"猫"这个字能联想到的,还有艺伎。尤其是明治初期的报纸或杂志上有关"猫"的报道,多半都和艺伎(特别是私娼)有关。通俗的说法,这是因为她们弹奏的三味线的琴身是用猫皮包裹的。但我认为除此之外,还和猫象征着女性这一认识紧密相关。

早在江户前期,怪异小说集《百物语评判》就评价猫有时候会黏着人撒娇,有时候又对人爱理不理,若被拿绳拴住拖着走必定会反抗,"性格怪僻多疑,与女子相仿"。[20] 江户后期的随笔集《屠龙工随笔》也有"猫,虽受宠却内心毒辣,恰似妇人"的记载,从负面意义上把猫比作女性。[21] 另外,初春猫迎来发情期时的样子,被认为导致了猫色情、淫靡形象的形成。人们认为,也许作为这一点的延伸,出现了指代艺伎的用法。再加上日语中"猫"的发音与"寝子"相同,后者字面上有和男性上床的意味,这也是以猫指代艺伎这一用法得以普及的重要原因。

明治初期,媒体上以真正的猫为题材,实际上却在影射艺伎的文章数不胜数。1876 年 9 月 18 日,《读卖》报道世间风传饲养动物的人可能要被征税,很多猫因此被主人遗弃,末尾写道:"如果是 3 日元的猫①,翘着胡子的老爷们怕会迫不及待地收养她们。"

---

① 当时艺伎从业需要向政府申请许可证,东京的许可证需要其每月上缴 3 日元。明治初期的 1 日元按金价或米价换算,相当于现在的 1 万~2 万日元。

当时,"胡子"一词暗指官员(他们因此也被叫作"鲇鱼"),这句话是在讽刺蓄着胡子的公务员争相买"猫",也就是为艺伎赎身的样子。

此外,针对把艺伎叫作"猫"的现象,当时也有一些来信表示质疑,说同样是人,把别人比喻成畜生实为不妥。[22]出现这样的来信,意味着在文明开化的风潮之下,人权意识日益增强。但对此,有位自称在柳桥①从业的艺伎投书,主张"还请继续把艺伎比作猫"。这封来信先列举了猫与艺伎的共通点,比如:猫眼形状多变,恰似艺伎对客人的态度因人而异;猫的鼻尖很凉,正如艺伎的内心冷若冰霜;猫的喉咙发出咕噜声以求喂食,艺伎则靠甜言蜜语引出客人口袋里的金钱;猫抓住老鼠就不放,艺伎遇上"穿洋装的肥鼠"(指官员等有一定身份的绅士)同样不拿到钱不罢休。随后总结道,既然我们本性如此,被叫作猫也是理所当然。写这封信的人,多半是歧视艺伎的普通人。由此可见,艺伎=猫这一印象,主要源于人们认为猫是表里不一、很会算计的动物。就算有人反对,其理由也是不能把人视为畜生。这就说明当时的人认为,包括猫在内的动物——"畜生",都是比人类低好几等的生物,人类和其他动物之间有着不可逾越的上下关系。今天如果有人说你"像猫一样",你或许会觉得是在夸你"像猫一样可爱",但在当时,并不存在这样的理解。

---

① 东京的花街之一。

假名垣鲁文

说到猫和艺伎的关系，就不得不提假名垣鲁文。鲁文是一位剧作家，其代表作是描绘了文明开化时期风俗的《安愚乐锅》[①]。他在1875年（明治8年）创办了《假名读新闻》，并开设专栏《猫猫奇闻》，连载与猫＝艺伎相关的八卦，对猫展开了一系列的抨击。从近世到近代[②]的文人之中，指代艺伎时使用猫这个字最多的，恐怕就是鲁文了。可是，他自己又喜欢真猫，还拿"猫猫道人"作为笔名。

鲁文说过自己喜欢猫的话，喜欢它们性情多变，动态丰富，充满魅力。但同时，他又"憎恶其淫性"，所以不曾饲养过猫。[23] 其实幕末时鲁文似乎养过猫，但这时候他已经放弃，改为收集和猫相关的物件。和鲁文一样，喜欢猫的动态，喜欢它们千变万化的有趣形象，是当时不少爱猫人士的共通之处。我们可以从歌川国芳笔下那些千姿百态的猫推测，或许他也和鲁文一样，觉得猫多样的动态富于趣味。

另外，鲁文自己主办的杂志《鲁文珍报》的第9、第10号是以猫为主题的特辑，题为《百猫画谱》上册、下册。当然，其中有一半文章写的是艺伎，所以称不上纯粹的"猫专刊"，但好歹有些插图和文字与真正的猫有关。从这个层面来说，这可以算是日本杂志史上最早的"猫专刊"。特辑标题取自歌川广重的同名作品，该作品生

---

① 通俗小说，以明治维新后流行的牛肉火锅店为舞台。
② 近世、近代均为日本历史分期。近世始于17世纪初德川幕府建立，止于1868年明治维新；近代始于明治维新，止于1945年第二次世界大战结束。

动形象地描绘了猫富于变化的姿态。鲁文很喜欢这幅作品，所以才会出这样的特辑，并将其以插图的形式介绍给读者。

珍猫百览会

前面讲到，鲁文虽不养猫，但好收集与猫相关的物件。知道他喜好的人，但凡看到画着猫或者像猫的东西，都会送到他那里。鲁文觉着独乐不如众乐，1878 年（明治 11 年）7 月 21~22 日，他在位于两国的中村楼举办了"珍猫百览会"，这或可算是日本"猫主题展"的起源。会上展出了以书画作品、古董为首的大量与猫相关的物件，还请了落语家三游亭圆朝助兴，表演了新作《猫草纸》以及《善八家猫的声色》《艺伎模仿猫跳舞》等作品。然而，真正的猫并没有作为展品出现在会场上。

因为《假名读新闻》平常抨击猫（艺伎），所以这场展会的名目是筹钱建造"猫冢"来赎罪。鲁文表示他批判艺伎是因为她们献媚取宠，扰乱风纪，但现实中的猫天真无邪，值得怜爱。只不过现实中的猫并不罕见，比起展出猫，不如展示和猫相关的古玩，这才更有情趣。[24] 除了自己的收藏品外，他还在报纸上刊登广告，向大众征集展品。他最终征集到了 600 多件展品，展会盛况非凡。

会场里除了猫，还有和鲇鱼有关的物件。这是因为《假名读新闻》常常把蓄着胡子的官员比作鲇鱼，讽刺他们流连于青楼。到场的观众，与其说是对猫有兴趣，倒不如说是被这些抨击时弊的要素吸引来的。加上东京各大报社的赞助，该展会共吸引了

2800 多名观众，收益达将近 2500 日元。靠着这笔钱，鲁文在新富町新建了一座草庵，取名"佛骨庵"。屋顶上安置了陶瓷做的压着鲇鱼的大猫，高 3 尺[①]，猫眼用黄金、猫胡须用白银、鲇鱼胡须用赤铜制成，极尽奢华。房间中壁龛的柱子以木天蓼为装饰，墙上涂以珍珠粉。计划中的猫家则建于浅草的植物园"花屋敷"内。另外，为了纪念展会的盛况，他还在谷中的天王寺内立了"猫猫道人纪念碑"。

现在，这两块碑都被挪到了鲁文的菩提寺——谷中的永久寺内。除此之外，永久寺里还有鲁文的"山猫夫妇冢"，埋葬的是他后来饲养的一对野猫。野猫是榎本武扬[②]从郁陵岛上抓回来送给鲁文的，在养了一年后去世，鲁文建冢就是为了供养它们。不愿养猫的鲁文，终究又过上了有猫（虽然是野猫）的生活。

《胧月猫草纸》中提到的猫的魅力

让我们回到当时喜欢猫的人究竟觉得猫有什么魅力这个话题上来。鲁文被猫有趣的动态和其天真无邪所迷，由山东京山写作、歌川国芳配画的《胧月猫草纸》则评价说，猫受人宠，"皆因其生性温顺"。[25] 书中写道，猫被孩童们从睡梦中惊醒、被袋子罩住头部也不会发怒；女仆们挨训后拿女主人的猫出气时，它们也只是缩成一团。如此顺从、温和的猫怎能不爱。

---

① 日本的 1 尺约合 0.303 米。
② 榎本武扬（1836~1908），明治时期的政治家、外交家。

猫的这种印象或许让一部分读者觉得不可思议。京山这么写，可能是想要突出猫和猛狗的区别。在江户时代，人类居住的环境里，徘徊着很多不知道是谁家养的"村狗""町狗"，还有狰狞的野狗。这些狗甚至会咬伤猫，从《胧月猫草纸》的叙述里，我们也能看出猫非常惧怕狗。当时狗大声吠叫、追着猫撕咬的情景，今天的人们已经难以想象。猫的印象正是在和狗的对比中形成的，有人觉得它们乖巧、温顺也不足为奇。日语里有"装猫"一词，比喻隐藏本性之人，其语源或许就是江户时代对猫的这种看法。

　　不过在下一章中我们会提到，这种看法并不普遍。和狗相比，或许的确会有人觉得猫温顺，但狗代表忠义和猫代表虚伪、表里不一的观念更深入人心。就像这样，从江户时代到明治时代，人们对猫的看法大有分歧。历史上和人类有着紧密联系的动物中，有哪种动物的评价能像猫这样两极分化呢？

　　另外，《胧月猫草纸》以芭蕉门人服部岚雪[①]的妻子阿烈爱猫如子的事例为据，主张爱猫者多为女性。的确，世间有国芳和鲁文这样爱猫的男性，但绘画等艺术作品，多表现女性爱猫，一般而言，爱猫之人，似乎多为女性和儿童。只不过儿童虽然爱猫，但也喜欢捉弄猫。1880年（明治13年）的报纸上便刊登了这样一个故事。顽童们发现某户人家养的猫正在交配，"便嚷嚷着'哟，看那淫猫'，蜂拥而上，或是投以小石块，或是用竹竿敲打，两只猫边叫边逃，顽

[①] 服部岚雪（1654~1707），江户时代前期诗人，松尾芭蕉（1644~1694）门下早期的弟子之一，曾画过《妻爱猫图》。

童们穷追不舍,可怜那猫,不小心脚下打滑,保持着交配的状态从屋顶上摔下,咕咚一声掉进了井里。等主人飞奔而至将其打捞上来,早就为时已晚,两猫丧命。两只猫的主人犹如失去亲生骨肉,痛不欲生,和旁人一起强行把猫葬在了(事发现场的)音次郎家后面的田里,喵呜弥陀佛"。[26]

此事不过偶然见报,但由此可以推测,当时小孩子虐猫,或许是稀松平常之事。媒体上也常见成人虐猫的报道,只不过成人使用暴力,多半是因为猫偷东西或偷吃家里养的鸡而报复它们,不像小孩子那样只是为了寻开心。同样,在女性之中,有不少人爱猫,但也有人因为猫偷食而对它们厌恶至极。有关这点,我还会在第三章里提到。

对猫的爱憎悬殊

爱猫之人,往往会把怜爱之情寄托于文章或绘画中,但恨猫之人,却不会特意记下这种感情。至于谈不上爱恨、对猫漠不关心的人,更不会留下什么记录。因此,爱猫的记录多,恨猫的记录少,光收集那些爱猫人士的言论,的确能描绘出从江户时代到明治时代,日本人大多爱猫的历史,但这并非诚实地对待历史的态度。事实上,恨猫之人,或对猫漠不关心的人,数量更多。

爱猫的山东京山创作的《胧月猫草纸》里,也有讨厌猫的角色。猫主人公"阿驹"的恋人"阿虎",就是因为偷鱼被人用石头砸死了。连喜欢猫的作家也会提及杀猫的场景,可见在那个没有动物保护观念，对暴力的看法也和今天大不相同的时代，人杀死猫的情况非常普遍。江户时代的民间故事里，明治初期的报刊上，随处可见猫因偷东西被杀的叙述。哪怕是自称爱猫并养着猫的人，他们的饲养方式也是以自我为中心的，对猫施以暴力的行为并不罕见。从江户时代到明治时代，猫和人类的关系多种多样，不能一概而论，但人类对猫的爱憎幅度之广，无疑是两者关系的最大特点。这当中，"猫粪"[①]"给猫鲣鱼片"[②]"猫被抚摸时的声音"[③]"给猫金币"[④]"猫三日而忘三年之恩"[⑤]等在江户时代就已出现的贬低猫的俗语，足以证明人们多半对猫没有什么好感。

既然如此，猫是如何获得今天这般受宠的地位的呢？这段旅程并不平坦，充满了苦难。从下一章开始，我将探寻从前近代到近代，再从近代到现代，被时代的浪潮翻弄的猫逐渐翻身做主人的过程。

---

① 掩盖恶行的痕迹，装作若无其事。
② 对危险掉以轻心的行为。
③ 取宠时的娇声。
④ 对牛弹琴。
⑤ 忘恩负义。

第二章
近代猫形象的诞生：猫"翻身做主"的过程

1 明治时代的文豪们和猫

赖山阳的《猫狗说》

猫的形象，往往在和狗的对比之中形成。今人有猫派、狗派之说，殊不知古人的猫狗之争更甚。早在著名的随笔集《枕草子》里，就记载着古代宫廷里一只叫"翁丸"的狗，受某个乳母唆使去袭击猫却反遭毒打的故事。① 像这样，有人为了保护猫而追打、驱逐狗，有人则相反，在明治时代的报纸上，常见粗暴的主人让狗去袭击猫的报道。

近年有很多以猫派作家为题材的特辑出版，或许让不少读者觉

---

① 这里的乳母是指服侍一条天皇爱猫的"马命妇"，而"翁丸"是定子皇后养的狗。马命妇有一天见猫在外廊上打盹，叫它进屋也不搭理，碰巧看到翁丸经过，就随口让它去吓唬猫。结果翁丸被流放远岛，马命妇也被逐出宫外。

得文人爱猫胜过爱狗。的确,大正时代之后,爱猫的文豪辈出。但事实上,在江户时代到明治时代的文坛中,猫的评价甚低,尤其和狗相比,可谓连战连败。

猫狗对比始于江户时代的文人赖山阳,以《日本外史》闻名的他曾写过一篇《猫狗说》。他说,猫三日便忘三年之恩,狗却三年也不忘三日之恩。猫以姿态、声色、性格向人献媚,故世人倾心于猫而疏远狗。猫可以随意进入家里偷鱼吃、钻进被窝安眠,狗却只能躺在泥地上吃着残羹剩饭。他随后笔锋一转,说人类世界也是如此,重于修饰外表、善于谄媚之人才会受到重用,社会何其不公。[1]

正如赖山阳所说,在动物之中,猫和人类的距离较近。正如以旅途风景为主题的浮世绘所描绘的,江户时代的绘画作品里狗多出现在室外。与之相对,猫则往往被画在室内,且与人相邻。比如在美人画里,它们或被女性抱在怀里,或依偎在她们身边。江户时代有很多徘徊在街市或村落中的无主的"町狗""村狗"。与之相对,猫毫无顾忌地闯进屋里,有时还会偷吃食物。即便如此,忠肝义胆的狗被逐出门外,外表温顺但内心狡诈的猫却能出入人家,甚至能享受人类的被窝。这样的现状,让赖山阳心生不满。

野田笛浦的《猫说》

不过几近同时,也有和赖山阳唱反调的文章,比如同为汉学家的野田笛浦曾写过一篇《猫说》。据说起因是野田的友人指责他家养的猫平均一个星期只能抓一只老鼠,于是他提笔反驳。在这篇文章里，野田说世人用能不能抓老鼠来评判猫的价值，其实这一点根本不值得赞赏。他这么说并不是要贬低猫。他的主张是，猫的伟大在于不把老鼠捉尽。只要能抓住一只，其他老鼠就不敢再露脸，这样就足够了。如果所有的老鼠都团结起来对付一只猫，猫也拿它们没辙（正如"穷鼠啮狸"这个成语所说，明治时代的报纸上时常有老鼠咬死猫的报道）。与其如此，还不如杀一儆百，只有这样才能有效地防止鼠害，这正是猫的优秀之处。他进而表示，人类社会也是一样的，身为一县之令、一官之长，如果光注重树立威信，到最后，民众忍无可忍就会奋起反抗。因此，"唯有具备猫心之人，方可被任命为令、为长"。[2] 赖山阳把君主麾下不同类型的人臣分别比喻为猫、狗，野田则赞赏猫的特性，借以抒发自己对父母官抱有的期待之情。

但是相比赖山阳的文章对后世的巨大影响，野田的见解不受欢迎。其中一个原因当然是猫少抓老鼠是存心要杀一儆百这一说法实在令人难以置信，没有说服力。更重要的是，在道德问题上，猫根本难望狗之项背。江户时代，尽管各地的民间故事里都有猫报答主人恩情的"猫的报恩谈"，但它还是没法跟狗相提并论。人们最多承认，这些不过是罕见的例外。只要严格以品德为判断标准，猫就不可能比得上狗的忠诚。更何况当时猫妖、猫怪传说的影响极为深远，大多数人都认为猫并不是有道义的动物。

阪谷朗庐的"猫教"

当时儒家道德价值观根深蒂固，迫使文人墨客寓道德于文章。

因此即便猫被单独提及，往往也是被影射、被批判的对象。就这样到了幕末，日本被迫打开国门，洋人一拥而入，攘夷之说盛行。出于对洋人的警惕心理，有人甚至把他们比喻为猫。那人便是儒学家阪谷朗庐，他也是明治初期的启蒙团体明六社[①]的成员。阪谷认为，洋人信奉的基督教求的是死后的幸福，说到底是一种功利主义。既然追名逐利是他们的本性，那么他们在利益面前就会翻脸不认人，会蛮不讲理地肆意蹂躏他国，这副模样，简直就是"猫教（猫的宗教）"。如果基督教教义中的地狱真的存在，信奉猫教的基督徒定会落入猫的地狱。[3]

阪谷是著名的儒学大师，后来还成为明六社的一员。如此有学识的人物，竟然这么教导弟子。不难想象，从幕末到明治维新期间，猫的反面形象就这样在知识分子之间代代相传。

明治时代的猫狗比较论

明治维新后，这种情况并没有马上改变。尽管儒家典籍不再是不可批判的圣典，西方文明受到追捧，但新政权为了尽快培养出为天皇和国家效命的国民，在追求富国强兵的同时，把忠君爱国作为教育的根本。因此，"忠"在道德中最受重视的观念并没有发生改变。

其中一个表现，就是从明治初期到中期，赖山阳的《猫狗说》被收录在教科书和面向青少年的范文集里，给年轻人带来了巨大影

[①] 明六社创立于 1873 年（明治 6 年），多名有西方学问背景的著名学者参与其中，阪谷是其中唯一的儒学家。

响。范文集里，把赖山阳的观点改头换面的作文也频繁出现。比如，1879年（明治12年）7月稻垣茂郎编辑的《席上作文集》卷一[4]就收录了筱宫正太郎的《猫狗之说》，文中写道："夫猫者，其性狡猾，其面温柔。""狗生性猛烈、体态粗笨，却能守夜以防盗贼，猫虽容易近人，却远不及狗。"他接着引申开去，说人类也是如此，貌美善言者招人待见，刚毅寡言者被人疏远，但他偏爱狗而不爱猫。

1888年5月出版的《英华集》第二编[5]所收录的川本实恒《猫说》亦是如此。"猫之奸猾何须多言"，即便如此，人类为了对付老鼠还是不得不养猫，但这不过是以奸锄奸，若人类只看到它的功绩，就会在不知不觉之中深受其害。文章末尾不忘告诫人们要警惕人类社会里的类似现象。

同年7月出版的《英华集》第四编收录的山阴二郎《犬猫之说》，同样认为猫捉老鼠绝非为了主人而是为了自己果腹，相反，狗无论多么痛苦都会默默忍耐，为主人效力。人类社会里也有像猫那样看似为国效力实则贪图私利的小人，人们需要小心防范。类似的文章不胜枚举。这些被收录在范文集里的优秀作文，反映了当时的主流价值观，而这种价值观又继续影响着众多青少年。

就这样，从江户时代到明治时代，猫都是被贬低的对象。"自古，人们就认为猫德行浅薄"，"或践踏高楼玉厦，或傲居贵人膝上，然论其品行，则世人无一维护，皆异口同声指责其恶行，或是狎昵狡诈，或是坏心肠。评论他人时，人们也常用'装猫''猫的娇

第二章　近代猫形象的诞生：猫"翻身做主"的过程　033

声'等词语来表达厌恶之情。此外，民间还有猫妖、某某猫乱等传说，都是些让人发怵的故事"，[6]直到明治中期，普通人对猫的看法多是如此。在那个以忠君爱国为国是，以培养为天皇、国家效命的国民为最紧要课题的时代，在道德层面，猫无论如何也不是狗的对手。

狗更受世人喜爱

很多拿猫狗做比较的文章，都会说比起忠义的狗来，徒有其表的猫更受欢迎。但这不过在逻辑展开上故意夸大了一部分人溺爱猫的事实。整体来说，自江户时代以后，狗受到的恩宠似乎远超过猫。1885年（明治18年）出版的儿童读物《涵德即席故事》就说"狗比猫更受人们喜爱"，尤其孩子们"甚爱狗，远超于猫"。狗忠于主人，绝不忘恩负义，猫却爱偷吃食物，"哪怕被训斥暴打，依旧不知悔改"。[7]这些导致了两者人气的高低之别。

曾任明治政府参议、外务卿的副岛种臣，曾因这样一则逸闻见报。"他气质刚直，厌恶那些像猫一样柔佞之人，要让他瞧见真猫，就拖去射箭场里挥拳痛打，还严令女仆们不得让猫溜进家里，（中略）喵呜，真是可笑至极。"[8]副岛讨厌那些低声下气的谄媚之人，竟至"恨屋及乌"，连现实中的猫也不放过。这则报道，对此并非不加批判，但只是将之当成笑料。那个时代，爱护动物的观念尚未形成，猫被人讨厌、受人迫害的情况非常普遍，才会出现这类煞有介事的报道。

今人很难想象当时的人如何肆意虐猫，就连自家养的猫也难逃此劫，家中主仆经常殴打它们，或拿它们的鼻尖反复蹭墙壁，或把它们摔到木地板上[①]。就连以爱猫闻名的南方熊楠[②]，也嫌弃受伤归来的猫脏，将其一脚踹飞，甚至撒下毒饵以对付来偷鸡的野猫。[9]熊楠并非个例，类似的行为在养猫人群中非常普遍。当时所谓的爱猫人士之中，像现代人一样把猫当作家人者寥寥无几。搬家的时候就随意遗弃猫，如有人指控自家的猫偷盗，便会毫不客气地毒打猫，甚至将其杀害。

爱猫少年的反驳

不过，从少年杂志的投稿里我们也能看到，有一部分年轻人并不赞成猫的上述负面形象。日本最早的面向少年的投稿杂志《颖才新志》第667号（1890年）上刊登了松冈均平的《畜猫说》（用文言文写成）。松冈先是描写了自家养的猫"多摩"玩皮球、抓了老鼠向主人邀功的可爱模样，随后批评世人拿猫来比喻"奸佞之臣、谄谀之徒"。他还说如果猫能说话一定会诉说自己的冤屈，强调猫是值得怜爱的动物。

然而批判猫的人认为猫捉老鼠是谋求"私利"，并不值得称赞。因此，松冈的反驳并不在点子上。但是，他在文章里描述了猫可爱的样子，尤其是捉到老鼠后邀功的行为，或许是想表达猫并不狡猾，反而有天真无邪、表里一致的一面。在松冈看来，问题并不在于猫

---

① 传统日式房屋多铺榻榻米，但也有一部分区域铺的是木地板。
② 南方熊楠（1867~1941），博物学家、生物学家、民族学家。

是否忠义，单凭它的可爱就值得赞赏。这类直抒胸臆的文章问世，意味着尽管前路还非常遥远，但文学作品已逐步开始挣脱儒家道德观的束缚。顺带一提，这位颇具才华的少年松冈，其实是检察官松冈康毅[①]的长子，后来成为东京帝国大学的教授和贵族院议员。

此外，刊登于《颖才新志》第1055号（1898年）上的海老原三郎平《怜猫之死》，是作者写给从小养大的猫的追悼文。这篇文章非常有名，容我引用全文。

> 丁酉（1897年）霜降前五日（10月18日），金风萧飒、庭草朝露待晞时，爱猫倏然离去。吁，岂不痛哉。余自猫儿大如拳时育之，至此数年，其性灵敏，时而狎昵，时而嬉戏。花开之晨，盘踞于膝上，飘雪之夜，安眠于怀中。待稍长，善捕鼠而戒窃食。或倚于足下低鸣，以头相蹭求喂食，与之，则咕噜作声欢喜不已。及捕鼠，必至桌旁展我书卷，且弄且食，似在邀功，闻我赞词，煞是得意。而今彼已亡，葬于北丘草木繁盛、红叶满地之处。斜阳淡照，虫鸣唧唧，供水一碗，烧香一炷，愿汝安息。

这篇文章文笔自然，把猫讨人欢心、自得其乐的样子，还有抓住老鼠之后扬扬得意的表情描写得活灵活现；将猫死后的样子也描写得恰到好处，不强调悲伤的氛围，不堆砌辞藻，反而表现出作者

[①] 松冈康毅（1846~1923），男爵，曾任检察总长、农商务大臣、贵族院议员。

的哀愁之深，实在是难得的佳作。这里我们也能看到，一旦文学摆脱道德的评价基准，猫就能从负面形象中获得解放。不受道德观束缚，能如实描绘猫的作家的登场，是猫的形象迎来"近代"的前提条件。

二叶亭四迷对猫的爱

同一时期，文豪之中，还有一位深爱着猫，而且拒绝把人类世界的各种价值观投射到猫身上的人物，那就是创作了近代小说先驱之作《浮云》的二叶亭四迷。二叶亭的爱猫是曾在外面流浪的白色母猫，圆滚滚，胖嘟嘟，毛色和脸形都不算好看。客人们问他这猫哪里可爱，他回答说，"不能以人类的审美观来判断猫的美丑"，"这跟父母不嫌自家女儿长得丑是一回事，（中略）身为人类，却因为猫狗的外表美丑而有所好恶，实在可耻"。说着，还双手抱起发出咕噜声的猫，贴着自己的脸颊嘟囔："就算大家都不夸你，你也是我的宝贝女儿。"

事实上这猫在发情的时候吸引了众多公猫，很受欢迎。宣称不能用人类的眼光来判断猫的美丑的二叶亭，这时候却抱怨酒坊的猫品行不端，木桶店的猫脸不好看，干货店的猫毛质不佳，这样那样地指手画脚，生怕自家的猫被糟蹋。但最后，一只强壮、可恶的野猫成为赢家。据说二叶亭不禁叹息，原来猫的爱情并非精神恋爱。

即便如此，等到白猫怀上了那野猫的崽儿，二叶亭也随之忙活起来。在衣物箱盖上铺上破布作为它的产床，彻夜不眠地抚摸着它的腹部。等到生产的时候，就像迎接自己的孙辈一样为它接生，还一脸满足地对人说："昨晚当产爷，结果一宿没睡。"找人收养幼猫时，他四下奔走，恨不得请私人侦探调查对方的背景。听说那白猫晚年肠胃不好，二叶亭甚至连它的排泄也亲手照料。

据传，在家里，那只猫的地位仅次于二叶亭本人。孩子们都顾忌"那是爸爸的猫儿"，连一根爪子都不敢碰。正因为养尊处优，那猫自然变得旁若无人，会毫不客气地抢夺客人的食物，能独占一整盘生鱼片并轻松吃完。即便如此还不知足，甚至连主人已经下筷的鱼也不放过。被偷了伙食的二叶亭反而眯着眼笑嘻嘻地夸赞："真是敏捷的家伙！"

可是，尽管备受宠爱，那猫却没有名字。方便起见，家人们管它叫"白"，但二叶亭认为，"给猫取名不过是人类的繁文缛节，猫被叫到名字肯定不会高兴"。另外，他也不曾从别人那里收养猫。他说："这只猫被人遗弃，不小心闯入我家，所以我才收留它。养猫养狗，辛苦胜过快乐，我不会去自讨苦吃。"当时养猫的人，多把猫看作畜生，认为它们低人一等。相比之下，二叶亭的态度罕见。我有时会想，如果让二叶亭来写以猫为主题的小说，一定会和其他作家的作品截然不同。不过话说回来，或许正是因为讨厌用人类的价值观来评判猫，始终站在猫的角度思考问题，所以他并不愿意以人类的视角来描写猫吧。[10]

户川残花的《猫的对话》

在二叶亭创作《浮云》期间，儿童文学的世界里，出现了以崭新的方式描写猫的作品。那就是户川残花的《猫的对话》，在1889年刊登于日本最早的儿童文学杂志《抚子》的创刊号上。作品采用对话形式，作者自称懂猫语，把猫的对话翻译成了人类的语言。

　　近世以猫为主角的读物往往高度拟人化，说是猫，却像是人类在演武打片，很多还加入了劝善惩恶的情节。换言之，不是把猫当作猫来描写，而是假借猫来表现人类的世界。加上当时猫妖、猫怪的印象根深蒂固，很多作品里的猫都会使用不可思议的魔力，使人类困扰。这些角色，几乎等同于妖怪，毫无现实中猫的真实感。相比之下，这则童话和近世那些让猫舞刀弄枪的作品不同，也鲜有劝善惩恶或其他说教的内容，而是通过书写猫的日常对话，讲述了一个温馨、快乐的故事。

　　"今天教你们怎么闻气味。孩子们，大家都面朝天，张大鼻孔，像奶奶这样，吸气、吸气、吸、吸、吸、吸，不对，不对，再来一次，吸气、吸气、吸气、吸气，对了对了。"

　　"奶奶，学会了闻气味，这能在什么时候派上用场呢？"

　　"这个嘛……明天想吃的时候就能找到鱼在哪了。"

　　"那不是像贼猫一样？"

　　"孩子们，事情没有这么简单。我们靠闻气味来区别能吃和不能吃的食物，还能靠这个来辨认对方是不是真正的爸爸、妈妈、兄弟姐妹、堂亲表亲。"

既然采用了对话形式，这部作品就难免有拟人的成分。加上故事内容是猫奶奶教育孙辈，这猫还会说英文，的确有一部分拟人超越了猫的本分。但其至少不像江户时代的作品那样让猫去打斗，而是强调猫作为动物的可爱一面。户川是基督徒，所以很可能受西方的猫童话的影响才创作了这部作品。这种前所未有的表现手法，或许让不少孩子觉得新鲜，从而感受到了猫的魅力。

漱石的《我是猫》

就这样，和猫有关的文学作品逐渐摆脱了近世的劝善惩恶情节和过度的拟人化，在此基础上，诞生了夏目漱石的名著《我是猫》[11]。这部小说以猫为主角，采用自叙形式，因此依旧难免有拟人的成分。但若非如此，又如何能写出以猫为主人公的小说？况且该作品将拟人化控制在最低限度，除了会思考、会写文章外，小说中的猫和普通的猫没有什么不同，不会像人那样打斗，也没有被赋予猫妖、猫怪的形象，普普通通的猫就能成为主角的时代终于到来。当然此前也有过把猫当作猫来描写的作品，但漱石的《我是猫》在世间有着压倒性的影响力。小说走红之后，被改编成戏剧等各种艺术形式，还出现了不少派生作品。"把猫当作猫来刻画"的小说受到大众欢迎，有着里程碑式的意义，这标志着文学史上"猫的近代"拉开了帷幕。

"把猫当作猫来刻画"的潮流不仅仅出现在文坛中，也出现在绘画界中。下一节我会对此加以说明。

2 绘画界"猫的近代"的到来

国芳猫画的特色

江户时代的浮世绘里,猫虽然经常出现在美人画中,却只是美女的点缀,也就是配角。诚然,这些作品也描绘了猫可爱的样子,尤其是猫不顾主角的行动,对毫不相干的事物表现出兴趣的态度,让人觉得可爱又可笑。但这种可爱,终究只是配角才有的可爱。

在这样的背景之下,歌川国芳让猫作为主角登场,给画坛带来了巨大影响。但反观国芳表现猫的手法,他虽让猫当了主角,却多用拟人手法。他或是把歌舞伎演员的肖像画成猫脸,或是让猫像人类一样行动,总之都是用猫来表现人(或者人形妖怪)。也就是说,大多数作品看似画猫,实为画人。

当然,国芳也画过只有猫的作品,比如著名的《猫饲好五十三只》[1]和《猫的假借字》[2](图6)等。但是,正如前一章所述,这些画的着眼点并不在猫,而在于用猫来表达有趣的想法。赏画的人是为其独特的匠心而喝彩的。因此,这些画表现猫的可爱时所用的手法,也和今天有所不同,这一点我将稍后再展开叙述。

说到江户时代著名的猫画,除了国芳的作品外,当数初代歌川广重的《江户名胜百景 浅草田圃酉日集市》(图7)。这幅画乍看之

---

[1] 这幅作品取意于"东海道五十三次"(东海道上的53处驿站,"猫饲好"谐音"东海道"),再加上起点(日本桥)、终点(京都),总计55处。内容为各种姿态的猫和当地的特产,并在绘画中加入与地名谐音的要素。
[2] 用猫的动作姿态来模仿平假名。

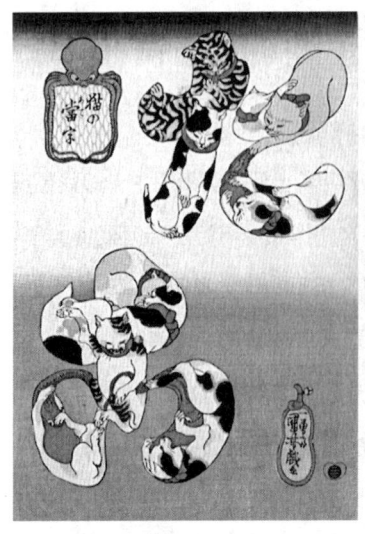

图 6　歌川国芳《猫的假借字》

图 7　初代歌川广重《江户名胜百景 浅草田圃酉日集市》[安政四年（1857 年）]
图源：日本国会图书馆 Digital Collection

下是以猫为主题的，但画面下方的耙状发簪等要素，让人一眼就能看出画的是吉原①的青楼。换言之，猫眺望窗外风景的样子让人联想到妓女的哀愁，用猫来象征妓女就是这幅画的匠心所在。今天它之所以能被称为"名作"，不仅仅是因为画的是猫，更重要的是因为能让人从中体会到人世间的悲哀。因此，这幅画同样是在借猫表现人类社会。

---

① 吉原是江户时代幕府法定的红灯区，附近的鹫神社和长国寺每年十一月酉日会举办集市（酉市），贩卖耙状的护身符。

江户时代的猫"可爱"在哪里

江户时代的绘画表现猫"可爱"的方法,其实和后世的作品并不相同。不过也有人把以国芳的作品为代表的江户时代的猫浮世绘评价为现代"可爱"猫画的先驱。诚然,很多现代人都觉得国芳画的猫很"可爱"。但是我认为,其"可爱"的内涵,和明治时代之后逐渐成为主流的猫的可爱,还是有不同之处。具体而言,以国芳的作品为首,当时广受欢迎的绘画所表现的"可爱",带着某种滑稽或邪气的成分,和近代以后出现的安静无邪的可爱不能一概而论。这和前面提到的,国芳想要表现的不是猫本身的魅力,而是手法上的趣味性和幽默感密切相关。

事实上,在江户时代,还是存在少数和近代的"可爱"相通的作品,比如原在正①的《睡猫图》(图8),并不追求趣味性,而是表现静态的、乖巧无邪的猫的"可爱"形象。但从江户时代到明治初期,这样的作品只能算是例外。原在正《睡猫图》的表现手法和圆山应举《睡猫图》完全一致,估计模仿的是中国画的风格。相比之下,诞生于日本文化背景之下的浮世绘里,多见充满动感、滑稽感的猫,或是有些怪里怪气的猫。

其实,第一章里提到的歌川广重《百猫画谱》以猫的动作为主题,既没有用拟人手法,也没把猫当点缀,更没有追求趣味性。这

---

① 原在正(?~1810),江户时代后期画家,其父原在中(1750~1837)曾拜于圆山应举(1733~1795)门下。圆山派的画风融合了西方的透视法和中国写生画的技法,直到明治时代都在绘画界占据重要地位。

图 8　原在正《睡猫图》(大阪市立美术馆藏)

是因为这幅画当初不是对外公开的作品,而是练习用的范本,所以停留在简单摹写的阶段。换句话说,光临摹猫的生活状态的画无法成为主流。不仅仅限于猫,江户时代的绘画,或是向过去的作品致敬,或用谐音打趣,大多独具匠心。就猫画而言,很少有人会从绘画中追求猫纯粹的可爱,人们看重的是幽默感和趣味性。

江户时代的猫为什么那么瘦

江户时代的猫画还有几个特点,其中之一就是猫的体形两极分化,或瘦骨嶙峋,或圆润可爱。近代以后的猫,多半被画得圆肥,但在江户时代,尤其是浮世绘里的猫大多很苗条。那么,这是否意味着当时的猫真的很瘦呢?事实并非如此。我想其中一个重要原因

图9 葛饰北斋画的狗和猫（《三体画谱》）

是，想要用猫的"动作"来表现趣味性和幽默感，猫就不能太胖。国芳的画多采用动态构图，因此他画的猫偏瘦；而广重的《江户名胜百景 浅草田圃酉日集市》采用静态构图，猫就相对圆润。事实上，猫"揣手"而坐的时候（就像广重画的那样，收起前脚，整体坐得像个箱子一样），看上去就胖嘟嘟的。

另外需要注意的是，猫和狗表情的画法有差异。比如葛饰北斋的范本《三体画谱》（图9）在表现狗的可爱时，尽管采用动态构图，那狗却体形肥润，表情也显得稳重；边上的猫则身形消瘦，身体曲线清晰可见。但图9所示的猫在同时代的作品之中已经偏胖，而《北斋漫画》（图10）里的猫更为狰狞可怖——当然，这和描绘的是猫咬着老鼠的场景也有关系。此外，圆山应举的作品，比如《猫见鼠之图两欲相执图》和《菜花游猫图》（也有人认为这不是应举的作品）里的猫，就被画得目光尖锐。同为应举之作的《群兽图屏风》（图11）里画有各种各样的动物，其中的狗不论老犬幼崽，都两眼圆溜溜，目光稳重，猫却故意被表现得截然不同。这样明确的区分，反

第二章 近代猫形象的诞生：猫"翻身做主"的过程　045

图 10 葛饰北斋画的猫(《北斋漫画》)

图 11　圆山应举画的猫和狗（《群兽图屏风》，宫内厅三之丸尚藏馆藏）

映了北斋、应举，甚至是当时世人对狗和猫的不同印象。

说到表情，从江户时代到明治时代的猫画往往会把猫的瞳孔画得很细（或者画成小圆点），这是现代绘画绝不会使用的表现手法。像浮世绘等作品，受尺寸限制，不可能清晰表现瞳孔的样子，因此会把整个眼睛画得非常细长。当时的狗或者兔子等动物的眼睛一般都被画为圆形，由此可见，当时的人认为，猫最大的特征就在于其细长的瞳孔。当然现实中的猫不是任何时候都眯着眼睛，尤其是最近的绘画，为了表现猫的可爱，很少会把猫的瞳孔画得又细又长，多是将猫的瞳孔画得又圆又大。但在那个时代，画作里的猫多半瞳孔细长，猫眼带着股邪气，有时甚至让人觉得可怕。回到"可爱"的话题上，即便国芳画的猫也让人觉得"可爱"，但这种"可爱"和应举所画的狗的"可爱"明显属于不同的类型。

其中的原因是我已经反复强调过的——国芳的猫画能够大卖，并非因为"猫"本身受欢迎。反过来说，应举或北斋画了许多体态圆润、表情温和的狗，并不在画中强调趣味性或创意，这就说明当时有一定数量的人能够接受狗的这种可爱，而猫就没有这样的受众。猫总是能让人联想到猫妖，或给人表里不一、生性狡猾的印象，狗却与邪气和狡诈无缘。画家们在画猫的时候，让它们带着几分邪气，着重表现它们动态的可爱，这如实地反映了当时的世人对猫的印象。

著名的爱猫作家大佛次郎，曾以绘画作品为例，批评江户时代的日本人"缺乏对猫的审美能力"。他说："就连日光的'睡猫'[①]也是黑白相间、体形丑陋的花猫，而浮世绘画家喜多川歌麿、铃木春信等人笔下那些依偎在美女脚边嬉戏的猫，其姿态也颇为拙劣，脸就像妖怪一样丑陋。画工们能把人类的女性表现得如此美丽，却没能注意到猫的楚楚可怜，在创作时错失了这份美感。只能说，他们并不怎么爱猫。"[12] 这段话同样反映出当时的人画猫的手法和后人所感觉到的猫的"可爱"并不相通。如前文所述，猫多被作为"点缀"，或用来"拟人"，也和这种状况密切相关。也就是说，如果在当时不赋予猫趣味性、拟人、作为美人之点缀这些"附加价值"，它们就无

---

① 位于日光东照宫（祭祀着江户幕府的开创者德川家康）东侧回廊的出入口上方，意为充满警惕心的猫都能够安睡，说明天下已经太平。

048 猫走过的近现代：从妖怪到家人

图 12　歌川国芳《仿东海道五十三次① 冈部 猫石的由来》(局部，东京都江户东京博物馆藏)
图源：东京都历史文化财团 Image Archive

法被大众接受。国芳把猫的邪气和趣味性结合，成功地在作品里加入了独特的附加价值，所以才能创作出如此多的热卖大作。

---

① 选取和东海道上 53 处驿站的名字相关的歌舞伎角色，绘制当初出演这个角色的演员的肖像。读者可以根据画面推测是哪个驿站和角色。

"猫的玩具画"大流行

那么，江户时代后期这些追求邪气和趣味性等附加价值的猫画，后来发生了怎样的变化呢？在讲述明治时代的猫画之前，不得不提及在国芳等人的猫浮世绘的基础上发展而来的"猫的玩具画"。"玩具画"盛行于江户时代后期到近代，是千代纸[①]风格的图鉴，有一部分甚至可以通过剪贴而立体化，因此很受儿童欢迎。玩具画题材众多，尤其到了明治时代，出现了大量以猫为题材的玩具画。

明治时代，猫的玩具画多由国芳的门人创作，但不少其他门派的画师或者无名的年轻画家也参与其中，由此可见，猫无疑是玩具画的热门题材。不过这些画基本上还是采用拟人手法，不是表现猫本身的魅力，而是借猫反映社会风俗，以这种趣味性为卖点。从这个意义来说，并没有突破国芳猫画的境界。但和国芳那时候相比，一个很大的区别是明治时代的玩具画里很难再见到猫妖、猫怪的身影。

这是因为玩具画有着教育儿童的意义。在明治时代的新式教育普及的过程中，这种寓教于乐，通过绘画让孩子们了解社会的玩具画逐渐占据主流。这类画之所以畅销，原因之一就是赶上了文明开化的时代潮流。在这股潮流里，妖怪、幽灵等不合理的要素再无容身之地。落语家三游亭圆朝曾感慨："近来和妖魔鬼怪相关的作品不复从前流行，很少有人愿意上演。现在人们都说幽灵根本不存在，不过是精神病病人妄想的产物，所以标榜文明开化的人都讨厌怪

---

① 折纸或制作手工艺品时用的正方形纸，使用日本传统元素纹样。

谈。"[13] 正如他所说，站在文明开化的立场上，灵异故事是不合理、没有科学依据的存在。假名垣鲁文发行的杂志《鲁文珍报》也说害怕猫妖是"未开化时代的事，如今文明开化已是大势所趋"。[14] 以前，甚至真有人因为害怕妖怪所以不敢养猫，而到了这个时候，猫给人的这种印象已产生变化。

当然实际上，猫妖、猫怪传说在文艺作品里依然有生命力。直到战后经济高速增长时期，仍有以猫妖、猫怪为题材的电影、小说、漫画问世。但这些都是娱乐消遣，现实中相信它们存在的人越来越少。明治时代以后，知识阶层的见闻录和随笔里已罕见猫妖传说的记录。这是江户和明治时代对猫妖、猫怪认识的重要区别。尤其是和儿童教育相关的读物，更积极地去除这些不合理的内容，对猫持有不同观点的新生代由此诞生。

明治时代以后猫画的变化

除了上述背景外，受西洋画技法和构图的影响，和以往不同的画猫法逐渐出现，也导致了猫给人的印象发生了变化。首先令人瞩目的是进入明治时代后，体形圆润的猫逐渐增多，原先的那股邪气也逐渐被天真无邪取代。同时，画家不再以巧取胜、以幽默感为卖点，而是直接表现猫的可爱。1877年（明治10年）浮世绘画家小林清亲的《猫和提灯》（图13）可以说象征性地体现了这种变化。这幅作品明显受到西洋画技法的影响，画上的猫体形圆润，不是点缀，画家不用拟人手法，也不以新奇的创意取胜，而是以猫本身的姿态

图 13　小林清亲《猫和提灯》(千叶市美术馆藏)

为主题。唯独猫的瞳孔依然细小，尽管和江户时代的猫画相比，眼神稍显温和，但整体来说该作还是继承了之前的画风。瞳孔又大又圆的猫，要等到昭和时代才在绘画界普及。

歌川国利画的《新版猫大全》(图 14)是明治前期玩具画的一例，以猫的各种姿态为主题。猫成为画作主角，画作不以新奇的创意为卖点，但猫脸的画法和近世相比并没有变化。再看月冈芳年于 1878 年创作的《见立多以尽 想要从头再来》[1](图 15)，光看左侧的猫，其的确处于静态，体形也较圆润，和桥口五叶为夏目漱石的《我

---

[1] 《见立多以尽》是描绘女性心愿的一系列美人画，"见立"意为模仿，"多以"可直译为"想要……"，"尽"是列举的意思。每一幅作品都以"想要……"为副标题，比如"想要变美""想要做梦""想要出国"等。

052　猫走过的近现代：从妖怪到家人

图 14　歌川国利《新版猫大全》（个人藏）

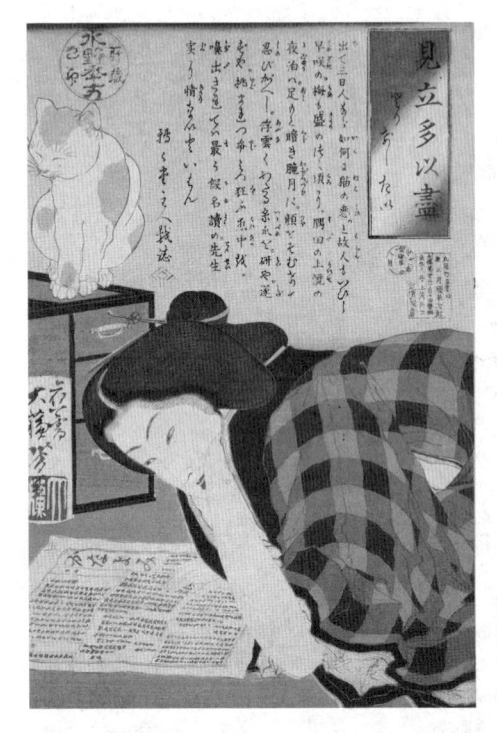

图15 月冈芳年《见立多以尽 想要从头再来》
图源：日本国会图书馆 Digital Collection

是猫》画的封面（后面会具体提到）有几分相似。可惜的是，这幅画的主角是女性，猫终究还是"点缀"。除了拟人化外，猫能成为主角的机会终究还不多。但是，把猫当作普通的猫来描绘的趋势，正在逐步增强。

猫自身成为主角

从20世纪初开始，单以现实中的猫为题材的绘画作品日益增多。图16是1902年（明治35年）发行的《风俗画报》的封面。

图 16 《风俗画报》封面

这幅画里的猫，既不是人类的点缀，也不拟人化，更非以幽默感为卖点。该杂志被称为日本最早的画报，反映了当时流行的风俗。猫能"独占"其封面，有着划时代的意义。可以说，近代猫画由此诞生。

在此基础上，诞生了桥口五叶为夏目漱石的《我是猫》下册设计的封面（图 17）。猫位于画面中央，左右配有蒲公英，凸显了猫的主角地位，同时又表现出其静态的可爱。可以说，这幅画标志着"可爱的猫"形象的确立。该书上册的封面采用了拟人手法，画的是

图 17 《我是猫》下册的封面（桥口五叶画）

图 18 《我眼里的美国》下册封面　　图 19 《温柔的动物》(高桥书店，年代不明，约为战后)

一只巨人猫。从这个意义上说，这部作品的装帧，见证了从以猫拟人到画猫本身的时代变迁。

此后，时代走过大正，迈入昭和，静态的、天真无邪的、乖巧的猫，成为表现猫之可爱的绘画主流。图 18《我眼里的美国》下册封面上的猫，就体现出这种近代的"可爱"。该作品由漱石的《我是猫》派生，讲的是《我是猫》的主角"我"去美国的故事。如图 19 这幅战后的作品所示，这种表现"可爱的猫"的典型手法一直延续到经济高速增长时期。这种手法后来对摄影作品的构图也产生了影响（例如图 34 的杂志封面）。

第二章　近代猫形象的诞生：猫"翻身做主"的过程　　057

综上所述，猫不再需要作为美人之点缀、拟人、被描绘成妖怪等"附加价值"，以自身的形象成为绘画主角，这意味着猫的形象终于迎来了"近代"。漱石的《我是猫》不论是从内容上，还是从绘画上，都堪称象征性的作品。

猫的地位上升依旧任重道远

意外的是，漱石的《我是猫》在当时的爱猫人士中并没有获得好评。比如日本第一本真正意义上研究猫的书的作者石田孙太郎就说："我恨夏目漱石描绘的不是值得怜爱的猫，而是暴露了家中秘密的坏猫。"他批评作品里的猫性格恶劣，不但外泄主人家庭内部的秘密，还对他们冷嘲热讽。[15]漱石的《我是猫》虽然以现实中的猫为主角，但正如本章前半部分所说，并没有完全摆脱近世以后人们对猫的认识。石田说它是"坏猫"，此话不假。书中没有表现出猫值得被人怜爱的一面。不仅如此，书中还描写了人们殴打猫头部的场景，甚至有出场人物把猫煮了食用，还说"猫真好吃"（《我是猫》上册第五）。尽管当时猫的形象开始逐渐摆脱猫妖、猫怪的束缚，但猫很狡猾的印象和人们蔑视猫的态度很难消除，现实社会中猫的形象依旧算不上太好。

孰料没过多久，猫的地位出现了革命性的转变。至此时为止让人觉得品行不佳的猫，突然被国家认定为有用之物，开始受到大肆吹捧。

第三章
国家掀起的"猫热潮":猫的三日天下

1 饲养"猫畜"的大号令

没鼠可捕的猫

> 世间再没有比人类更不像话的东西。他们抢了我抓的老鼠送去警亭。警察哪知道是谁抓的,反正拿来一只就赏 5 钱[①]。拜我所赐,我家主人已经赚了 1 日元 50 钱,也不给我改善伙食。唉,人类啊,不过是体面的贼罢了。(《我是猫》上册第一)

这是漱石的《我是猫》里"车夫家的大黑"对主人公"我"说的台词。人类之所以掠夺猫抓的老鼠,是为了预防鼠疫。鼠疫菌会通过寄生在老鼠身上的跳蚤传播,所以地方政府才出钱收购。比如

---

① 100 钱 =1 日元。

漱石居住的东京市，从 1900 年（明治 33 年）1 月开始，政府就以一只 5 钱的价格收购老鼠。

1905 年前后，漱石的《我是猫》在杂志《杜鹃》上连载，那时候已经有人为了大捞一把而以捕鼠为业，也就是说，人类抢了猫的饭碗。一天多则五六十只，少则四五十只，最少也能抓 30 只，以一只 5 钱计算，一天的最高收入将近 3 日元。[1] 当时，日工每天的报酬不过 53 钱，[2] 抓老鼠的收入是日工的 3~5 倍。

从 1899 年起到大正时代①，日本间歇性地暴发鼠疫。当时鼠疫的致死率高达八成以上，如果蔓延开来，将严重威胁国民的健康。尤其在大阪、神户、东京、横滨这些人口密度高的大城市，情况更为严峻。

前述引文中的"车夫家的大黑"还在感叹自己抓的老鼠被抢走，但没过多久，人们就认识到会抓老鼠的猫有利于预防鼠疫。为了对付老鼠，"猫热潮"出现，这让猫转眼之间备受宠爱。

猫是否有效的论争

利用猫来预防传染病的意见，从 1900 年前后开始逐渐被提起。一些地方开始奖励居民养猫，比如 1906 年 12 月，神奈川县防疫顾问会议就决定鼓励养猫以预防鼠疫。[3] 但这样的尝试仅限于部分地区，没能推广到全国。因为有人唱反调，说猫身上同样寄生着携带鼠疫菌的跳蚤，又说猫吃了带菌的老鼠后同样可能成为传染源。这些人

---

① 1912~1925 年。

认为应该驱逐猫、消灭猫。

其中，福泽谕吉[①]主办的《时事新报》就是这一主张的急先锋。该报记者、画师今泉一瓢是福泽的妻侄，他曾说，"猫不会感染鼠疫之说如果是真的，那再好不过，但眼下相信猫是传染源的人居多，因此不论是家猫，还是野猫，都必须处理掉"，主张消灭猫，只不过"杀猫过于残忍，绝非文明国家所为，(中略)不如暂且交给浅草新谷町附近的人，(中略)能卖好价钱就卖，对于没人要的猫狗，找个没人看见的地方扑杀并取其皮毛"。[4] 浅草的新谷町是皮革产业从业者的聚集地。今泉虽然认为"文明国家"不应该采取扑杀这种"残忍"的手段，最后却主张在众目难及之处对猫扑杀并加以利用，足见他们所谓的"文明"的本质。

科赫的意见

在这场论争中的 1908 年（明治 41 年）6 月，当时已经作为细菌学创始人扬名的德国科学家罗伯特·科赫（Robert Koch）访日，这成为猫有用论占据优势的契机。邀请他的是曾去德国留学、拜于他门下的北里柴三郎。北里就日本的鼠疫问题向科赫请教对策，科赫回答老鼠具有极强的繁殖能力，投药等人为的方法费力费钱且效果不佳，不如养猫驱鼠。他还提议政府把养猫作为义务，让警察定期检查督促；用悬赏等方式鼓励饲养猫；进口善于捕鼠的猫并让其

---

① 福泽谕吉（1835~1901），启蒙思想家、教育家，庆应义塾大学的创始人。

繁殖；建立猫的交易市场以奖励猫的饲养和品种改良；在鼠疫流行地区停泊的船只，应按照其吨位配置相应数量的猫；修改建筑法规，在会有老鼠的阁楼等处必须留有猫的出入口等。[5]

安德鲁·布坎南（Andrew Buchanan）的论文

科赫主张奖励养猫，并非无稽之谈。其实在他访日前不久，1907年，在印度任职的英国医生安德鲁·布坎南发表了一篇论证猫有助于预防鼠疫的论文。他通过统计分析，证明了在印度，鼠疫在猫数量少的地区肆虐，在猫数量多的地区则不易流行。[6]这篇论文给欧美的医学界带来了巨大的影响，科赫的建议正是源于此。

另外，正如一部分人所主张的，的确存在猫感染鼠疫的事例。但寄生在老鼠、猫、人类身上的跳蚤种类并不相同。老鼠身上的跳蚤，才会传播容易导致人类感染的鼠疫菌。当然，这种跳蚤也有可能寄生在猫身上，但相比老鼠来说风险极低。只要在鼠疫暴发之前就开始养猫灭鼠，即便有病例传入，作为媒介的老鼠数量不足，自然就能抑制细菌的传播。从这时候开始，人们正式开始鼓励养猫。

由于有科赫这位大咖助阵，鼓励养猫的言论通过各类媒体迅速扩散，也促使行政部门采取行动。"打从科赫博士来到日本，就猫和鼠疫的关系发表谈话之后，猫一夜走红。警视厅开始查猫的户口，有关猫的研究会盛行，猫迎来了全盛时代。"[7]鼓励养猫的一场大热潮就此掀开帷幕。

猫的研究和鼓励养猫政策

根据科赫的意见，内务省①开始就猫和鼠疫的关系展开具体研究。日本国立传染病研究所任命宫岛干之助为主任，调查哪些猫善于捕鼠，研究训练猫的方法。另外，为了配出有用的品种，从群马、茨城、栃木、福岛、宫城、青森、山梨等养蚕地区调集了数百只猫，还从已经展开这项研究的印度进口了几十只猫。[8] 同年12月，内务省中央卫生会通过了奖励养猫的政策，1909年1月，内务省向各府县下达了《奖励饲养猫畜以驱逐鼠族》的通知，要求各地想办法普及养猫，比如尽可能地选择合适的猫品种，广泛鼓励居民养猫，要求入港船只按吨位饲养相应数量的猫等。[9]

应中央政府的号召，2月6日警视厅和东京府②告谕居民，为预防鼠疫，鼓励每家每户都饲养"猫畜"。[10] 在城区，东京市向各区长，各区长又向各卫生小组③发放通知，要求"教育小组内的居民，让他们认识到养猫的必要性"，[11] 以便政策落实到基层的各个角落。为了确保所告谕之内容能得到有效执行，警察还挨家挨户上门宣传养猫的意义。[12]

---

① 战前最大的内政省厅，主管地方行政、警察、卫生、土木、社会问题、宗教等。
② 日本的警察行政一般是由府县行政长官管理，唯有管辖东京治安的警视厅由内务省直辖，和东京府地位相当。
③ 1879年的霍乱大流行后，各地为防疫自发组建了卫生会和卫生小组。卫生小组经1897年《传染病预防法》被官方正式认可，直到1999年《感染症法》实施才完成历史使命。卫生小组类似街道办事处或居委会，是重要的社会基层组织之一。

针砭时弊的题材

不过，也有人批评警察挨家挨户上门教育这样的做法，说"自称已跻身文明国家之列的日本政府，听了德国人的话突然就开始训谕国民'猫能捕鼠'，难免让人觉得可笑"，认为此事体现出日本人有多么崇洋媚外，缺乏探究精神；[13] 还说内务省和警视厅在告谕居民时不用"猫"，偏用"猫畜"这个平常不用的词语，可见他们自己也明白这事有多么荒唐，才装腔作势。和今天不同，当时的警察往往以强硬的态度对待民众。他们平常越是作威作福，四下劝说居民养猫的样子就越显得滑稽，为报纸、杂志提供了不少话题。比如某家报纸就这么描绘警察上门调查养猫数量的情形——

"开门——"一脸凶相的巡警晃动着腰间的佩剑突然出现在门口。

"哟，是警官老爷啊。"光着膀子的主人边穿衣服边飞奔去应门。

"家里有猫吗？"

"呃……您说的猫是？"

"就是会喵喵叫的猫。"

"是，那猫怎么啦？"

"你这人咋稀里糊涂的，问你这里有没有猫呢。"

"您是说如果养着猫就要交税吗……"

"不是，不是说这个。养着的话必须报告猫几岁了，什么毛色，籍贯在哪，没经过登记不能收留没户口的猫。"

当然，猫没有户籍，因此最后的"籍贯""没户口"只是在模仿人类的户口调查罢了。原文里警察说的是鹿儿岛方言，这是因为当时的警察多半是萨摩藩出身。这家主人没想到警察会上门来问有没有养猫，急急忙忙穿好衣服来回话，生怕要多缴税。同样被造访的其他人家或是担心"我家的阿咪偷吃了隔壁家的金鱼，是不是警察要来抓它"，或是讥诮"政府打算独占三味线的买卖"。种种猜忌使得很多人在面对警察的调查时，最初往往试图隐瞒养猫的事实。[14] 另外，据说警官会问风月场所"你这里有没有真正的猫"（当时的艺妓也被称作"猫"，所以警察要特地强调"真正"的猫），还有人谣传政府要出台强制养猫令。[15]

猫的全盛时代

著名的讽刺漫画家北泽乐天创办的《东京帕克》[①] 上刊登了《白驹饲猫奖励法》（图20）来讽刺政府的鼓励养猫政策，并建议采取下述鼓励养猫赏牌制度。

一：养一只猫赏1枚赏牌，给予公民权；

二：集齐5枚赏牌可获众议院议员选举权；

三：同时全国铁路车票可打5折；

---

① 《东京帕克》模仿美国的幽默杂志 Puck，Puck（帕克）是莎士比亚的戏剧《仲夏夜之梦》里的角色。"白驹"的日文发音与"帕克"相近。

图20 《白驹饲猫奖励法》(《东京帕克》5-4，1909年2月)

四：如此一来船夫、车夫都竞相养猫；

五：发生火灾时首先救猫；

六：在有些人家，每天早上主人先要问候猫；

七：只要给警察看赏牌，随地小便他也没法管。

该图不过是讥讽时弊的玩笑，但由此可以看出在警察权威的庇护之下猫是何等受重视。"昨天还被歧视为三味线的烂皮的猫"，"不料因为科（赫）博士的一句金言，便被报纸大加赞扬，被主人呵护有加，（中略）如今安眠于高级坐垫之上，在梦里身着花衣与蝶共舞，成为世间的宠儿"。[16] 原先人们批判猫道德低劣，会化作人形骗人、作祟，如今官方鼓励养猫，这使得猫的地位发生了翻天覆地的变化。

世人嘲笑说昔有"狗将军"①，今有"猫总监"，[17] 或传言"今后说不定会像狗将军那时候一样，杀猫的人一律被处死"。[18] 就这样，日本迎来了"猫的全盛"时期。

猫价高涨

东京以外的地区，也开始调查猫的数量，并鼓励养猫。在横滨，在市内各町但凡有猫出生，卫生小组就会发放一只 50 钱的抚养费，并把小猫分给小组里需要猫的人家。养猫的人家，无须在进行鼠疫预防消毒的时候拆下天花板（否则，为了驱鼠，就要拆下天花板以给阁楼消毒，非常不便）。[19] 截至 1909 年 11 月，已发放了 3000 只幼猫的抚养费。[20] 在三重县，每养一只猫满 6 个月，主人就能获得一张抽奖券，每年举行两次抽奖，一等奖 7 日元，二等奖 3 日元。[21] 在兵库县，警察会挨家挨户收集多余的猫，并将之分配给没有猫的家庭。谁知这突发的"猫热潮"导致猫的价格飙升，人们找种种借口推托，不肯白白把猫交给警察，因此警察收集不到猫，为了抓住逃跑的猫弄得一身是毛的可笑场面经常出现。[22]

在这样的背景之下，猫的单价从 5 日元涨到了 10 日元，东京还出现了家猫专卖店，生意兴隆。该店先后在浅草区千束町一丁目和本所区松仓町二丁目开设了分店。据店主婆婆说，猫的价格因毛色、

---

① 德川幕府第五代将军德川纲吉因为属狗，在僧人的劝说之下发布了"怜悯生灵令"，尤其爱狗，所以被叫作"狗将军"。后面的"总监"指的是近代以来警察的最高职位"警视总监"。

体质而异。论毛色，纯黑和纯白的最为珍贵；体质则分为蝶、鸡、蛇、鼠四类，春天生的猫喜欢抓蝴蝶，夏天生的猫喜欢抓鸡，夏秋之际出生的猫喜欢抓蛇，而冬天出生的猫喜欢抓老鼠，因此价格最高。报纸上评论说："从前把猫送人，还要添上鲣鱼片为礼，如今花钱才能买到猫，实在有趣。"[23]

猫的需求量增大

有趣的是，和今天不同，当时幼崽的价格最便宜。成年的猫一只值5~10日元，而幼猫只要2~3日元。这说明人们更需要买回去就能抓老鼠的猫。遗传学上，三花的公猫最稀少，一只可以卖到100日元。橘猫富有灵气，运动神经发达，适合捕鼠，所以要60~70日元。"短尾、长须、身形紧凑圆润的家伙，虽不实用但适合当宠物"，因此也很有人气。另外，"暹罗猫体色如鼠，身躯、四肢皆瘦长，眼放青光，炯炯慑人，拥有世界第一等的血统，价格也高达数百日元"。[24] 由此可见，除了能不能抓老鼠外，已经有不少人在选择猫的时候把外观因素作为标准。

其实，在那些需要驱鼠的地区（养蚕地区等），从明治初期开始就已经有买卖猫的集市。报纸偶尔会报道这些地区的猫价变化，比如"野鼠繁殖，导致农作物严重受损，养猫的必要性增加，在美浓安八郡牧村附近，成年的猫涨到了3日元50钱，幼崽也要20钱"[25]等。但是和上述这则1898年（明治31年）的报道里的"高价"相比，1908年东京的成年猫要贵2~3倍，幼崽的价格甚至涨了10倍以上（物价统计显示，这10年之间物价不过上涨1.3倍左右）。可见当时猫的人气是多么旺盛。

不过，在地方上，猫的价格却没有太大变化。据报道，1909年6月尾张一宫的"猫市"上，最能抓老鼠的年轻母猫一般在1日元左右，老年猫最多只能卖到30~40钱。[26] 和东京相比，这一价格甚低，因此有些卖猫的人就从这些地方进货，再卖去大城市。然而在大城市，偷猫的人层出不穷。有这么一则报道："'到处都听到有人说'我家的阿咪不见了'或'找不到我家小金了'。打从科赫博士提出猫有用论后，人们毫无节制地养猫，导致三味线的皮缺货，相关方只能靠偷来解决问题。"[27]

猫的进口

人们还从海外进口猫。据报纸的报道，受鼓励养猫政策的影响，1908年末到1909年初，日本已从德国进口了50只猫，短期内还打算再进口1万5000只。[28] 另外，因为桦太当时归属日本，警视厅还从桦太的丰原（现南萨哈林斯克）调集猫，1909年8月28日有4只到达日本本土。在桦太，它们被叫作"露助①猫"，善于捕鼠。据说，"桦太猫颇为迅敏，不像日本本土的猫那样畏寒，不管老鼠溜得多快都不会让它们逃脱"，"先在芝警署的细菌检查所里进行了捕鼠能力检验，其成绩优良，因此警视厅还将继续采购。桦太猫体格比日

---

① 当时日本人在贬低俄国和俄国人时会用"露助"这个词，这个词由俄语"俄国的"的发音变化而来。

图 21　从桦太进口的猫（《写真时间》8，1909 年）

本本土的猫略大，样貌温顺"（图 21）。[29] 还有一些地方政府亲自养殖猫。山形县"从各地购买优良品种，在庄内、村山、置赐三个区域各设一处'猫本部'，在猫大量繁殖后将之分配给县民。县厅里还成立了'猫司令部'，无须多言，'司令官'自然是卫生课主任"。[30]

养猫数量调查

前面提到，在实施鼓励养猫政策之前，警视厅先调查了东京府内居民所养之猫的数量，其结果于 1908 年 8 月公布，并被刊登在了各大报纸、杂志上。不同媒体记载的数值略有差异，但大致与下表相符。

养猫数量统计

	户数（户）	养猫户数（户）	养猫只数（只）	母猫（只）	公猫（只）	居住人口（人）	养猫户数的比例（％）	猫均户数（户）	猫均人数（人）	母猫与公猫比
（市区）										
麴町区	16949	810	958	477	481	73071	4.78	17.69	76.27	0.99
神田区	48985	2117	2550	1298	1252	153346	4.32	19.21	60.14	1.04
日本桥区	24577	1808	2036	992	1044	151873	7.36	12.07	74.59	0.95
京桥区	52607	1429	1621	835	786	207939	2.72	32.45	128.28	1.06
芝区	36952	1988	2245	1133	1112	176290	5.38	16.46	78.53	1.02
麻布区	18932	822	981	460	521	81616	4.34	19.3	83.2	0.88
赤坂区	17565	775	843	422	420	74590	4.41	20.84	88.48	1
四谷区	19030	718	816	405	411	72026	3.77	23.32	88.27	0.99
牛入区	28656	1181	1440	691	749	98631	4.12	19.9	68.49	0.92
小石川区	27427	1042	1235	608	627	102668	3.80	22.21	83.13	0.97
本乡区	35734	1187	1359	687	672	153277	3.32	26.29	112.79	1.02
下谷区	54153	1396	1644	853	791	197236	2.58	32.94	119.97	1.08
浅草区	57843	2648	3005	1488	1517	306821	4.58	19.25	102.1	0.98
深川区	38057	1396	1557	799	758	150285	3.67	24.44	96.52	1.05
本所区	45091	1987	2347	1246	1101	186410	4.41	19.21	79.42	1.13
市区总计	522558	21304	24637	12394	12242	2186079	4.08	21.21	88.73	1.01
（郡部①）										
荏原郡	23686	2967	3446	1809	1637	133769	12.53	6.87	38.82	1.11
丰多摩郡	23916	2894	3254	1770	1484	125772	12.10	7.35	38.65	1.19
北丰岛郡	21696	3892	4221	2308	1915	186444	17.94	5.14	44.17	1.21
南足立郡	18489	3014	3270	1838	1432	51729	16.30	5.65	15.82	1.28
南葛饰郡	13113	2616	3073	1656	1417	102150	19.95	4.27	33.24	1.17
北多摩郡	14457	8378	9462	5786	3676	101767	57.95	1.53	10.76	1.57
南多摩郡	16155	7510	8801	4924	3877	104018	46.49	1.84	11.82	1.27
西多摩郡	12624	5190	5620	2808	2812	81309	41.11	2.25	14.47	1
郡部总计	144136	36461	41147	22899	18250	886958	25.30	3.5	21.56	1.25
东京总计	666694	57765	65784	35293	30492	3073637	8.66	10.13	46.7	1.16

注：数据基本以《府下饲养的猫》(《统计学杂志》269，1908 年）为据，对于原数据中计算结果不符的部分，作者参考其他报纸、杂志的数字进行了修正。

① 指市以外的部分。市由府县直辖，町村则经由郡受府县管辖。

在调查中，警察靠挨家挨户上门询问，或是四下观察来收集数据，况且统计的是"所养之猫"的数量，因此野猫并不在其中。所以即便某个人正喂着猫，只要告诉警察这是"流浪猫"，其就不会被统计在内。而且光靠观察，肯定会有很多疏漏。因此，当时各大报纸或说"该数据①并不真实，少说也有 5 万只"，[31] 或说"野猫和其他黑户猫加起来，大概还要翻倍"，[32] 想来实际数目还要多得多。

从统计中可以看出，虽然各区、各郡的数值有细微差别，但总体而言，郡部的猫均户数、人数都大于市区。市区中，猫均户数最多的日本桥区，平均 12 户养一只猫，猫均人数最多的神田区，平均 60 人养一只猫；而郡部中，猫均户数、人数最多的北多摩郡的数值则是平均 1.5 户、11 人。整体上平均下来，市区每只猫覆盖了 21 户、89 人，而郡部则是 3.5 户、22 人。一般而言，在农村，养蚕等生产活动有驱鼠的需求，养猫的人家本来就多，因此统计数据正好与此相符。不过市区的调查很可能忽视了那些介于家猫和流浪猫之间的猫，统计上也多有疏漏，所以实际上和农村地区的差距可能没有那么大。

有趣的是猫的性别比例。在市区基本上是一比一，在郡部则母猫居多，尤其引人注目的是北多摩郡，母猫是公猫的 1.57 倍。另外，北多摩、西多摩、南多摩三郡的猫均户数、人数都位居前列。多摩，尤其是北多摩地区水田不多，所以养蚕业兴盛，是农民们重要的现金收入来源。因此该地区养猫驱鼠的人较多，而母猫所占比例高，

---

① 指的是表中市区部分的总数 24637 只。

大概是因为有生育能力的母猫更受欢迎。

东京以外的地区也进行了养猫数量的调查。大阪市区共有公猫10192只，母猫11414只，大阪府郡部则有公猫16026只，母猫22450只。[33]另据报道，横滨市的成年猫、幼崽加起来共有12239只，平均下来每5户人家就养了一只猫。[34]

比起城市，农村尤其是养蚕地区的农村养猫数量更多，这是全国性的趋势。养猫比例最高的是福岛、长崎、山形三县，平均每两家之中就有一家养猫；最少的则是下关市，其次是东京市、神户市、大阪市，每10户都不见得有一只猫。为消灭鼠疫而从事猫的研究的宫岛干之助（日本国立传染病研究所）指出，农村从前就需要养猫驱鼠，而城市没有保护农作物的需求，城里人养猫多为了娱乐，此间差别，通过统计数据得到了印证。[35]

2 "猫下岗"和猎猫人

"猫下岗"登场

官方为了对付鼠疫而掀起的"猫热潮"，很快就沉寂了。鼠疫逐渐得到了控制固然是一个原因，但更重要的原因是杀鼠剂得到了普及。一款名为"猫下岗"的杀鼠剂取代了猫，风靡于世，据称其驱鼠甚为有效，正如商品名所示，人们再也不需要猫。它的广告（图22）上画着被"免职"的猫和成为"废品"的捕鼠器。1921年（大正10年），一篇模仿猫口吻的文章写道："'猫下岗'这款药物问世

图22 "猫下岗"的广告，猫和捕鼠器上分别有写着"免职"和"废品"的标签（《读卖》，1912年11月14日）

后,再也没人宠我了。"[36] 正如广告所描绘的,猫不再是抓老鼠的主角,它们被"开除"了。

杀鼠剂容易被误食,有一定的风险,因此早在 1872 年(明治五年)官方就禁止在杀鼠剂里使用砒霜,1877 年 3 月又禁止在杀鼠剂里使用磷化合物,管制非常严格。但面对传染病的流行,1912 年 5 月内务省下令,放宽了对黄磷杀鼠剂的限制,"猫下岗"这才得以出现在各地的零售店里。[37] 另外还有"灭猫""鼠磷"等类似商品,但或许是名字起得好,"猫下岗"的销量远超其他商品,成为杀鼠剂的代名词。警察不再呼吁人们养猫,改为挨家挨户发放杀鼠剂。[38]

"猫自杀"盛行

从大正时代到昭和时代,报纸上经常出现"猫自杀""猫殉情"这样的标题。当然,这并不是指真猫自杀或殉情,而是指人服用杀鼠剂自杀。杀鼠剂的主要原料黄磷是众人皆知的剧毒物,一颗 10 克的"猫下岗"就能毒死 10 多个成年人。为了预防传染病,政府简化了杀鼠剂销售的手续,但安全措施并没有到位。因此,"猫下岗"不但灭鼠,还杀了不少人。

1918 年(大正 7 年)九州发生了使用"猫下岗"的杀人未遂案件,震惊了世人。接下来的 1919 年,共有 30 人"猫自杀",其中男性 11 人,女性 19 人。看到这些报道的人竞相模仿,1920 年的服药自杀人数为男性 78 人,女性 89 人,总计 167 人;1921 年为男性 162 人,女性 201 人,总计 363 人;1922 年则是男性 197 人,女性

261，总计 458 人。人数飙升。[39]

鉴于"猫自杀"流行等弊害多发，有人提出是否应该禁止销售这种药剂。1923 年 2 月 1 日，议员吉良元夫在帝国议会上向内阁提出了有关"禁止贩卖杀鼠剂（'猫下岗'）"的问题（共有 31 名议员赞成）。吉良在意见书里写道："这款名为'猫下岗'的杀鼠剂里含有剧毒，有不少猫因为吃了被它毒死的老鼠而毙命，爱猫人士为此悲伤不已。容忍如此恶劣的药剂在市面上公然买卖，与保护动物的精神背道而驰。应当断然禁止该产品流通，以显示人类的道义，不知各位意下如何？"[40] 可见"猫下岗"不但毒杀了人类，还导致了猫大量死亡。

但是猫因杀鼠剂而死，一般很少见报，因此人们对实际情况所知不多。据政治评论家阿部真之助回忆，战争期间他在农村避难时，目击了很多猫因误食杀鼠剂而死亡，有甚者，老鼠还没灭完，村里的猫就已经死绝。阿部爱猫，觉得流浪猫可怜，只要遇到就会收留下来。他批评说，人们养猫，最初是为了保护蚕免受鼠害，"可是村里的人看到老鼠增多，就连保护蚕的猫也一并扑杀，毫不心疼，不得不说忘恩负义、有违人道"。[41] 这种状态一直持续到战后，在农村，像这样的因杀鼠剂而起的惨剧时有发生："本地每到春天都会在田地里喷洒药物以防鼠害，（中略）听说不只影响到附近的猫，甚至整个村里的猫也都因此而死"，[42] "（因为杀鼠剂）家养的猫狗接连死去，真不知如何是好"。[43]

对很多只是为了捕鼠而养猫的人而言，既然有了替代的手段，就不再关心猫何去何从。不过，人们对待猫的态度也因地区而异，民俗学家早川孝太郎指出，进入昭和时代，即便养蚕业衰退，不少村落依旧家家户户养着猫。有些贫穷人家甚至没有一个像样的饭碗，也不愿把猫卖去做三味线的皮，而是将猫作为"一生的伴侣"来饲养。[44] 有人根本不在乎猫的死活，也有人对猫爱得深切，哪怕猫失去了实用价值也不忍遗弃。另外，鉴于儿童误食杀鼠剂的事故在各地都时有发生，也有不少人（尤其是城里人）不用杀鼠剂，而是继续用猫驱鼠。[45]

"猫下岗"流行的背景

国家鼓励养猫的政策没实行多久就被杀鼠剂取代，这当中，有着主张奖励养猫的科赫不曾料到的日本特有的背景，即西式住宅和日式住宅的区别。

> 如果是西式住宅就无须担心，但日本传统住宅由木和纸建成，室内铺有榻榻米，人们赤脚或穿着袜子行走其上，或是席地而坐。如果让从外面溜达回来的猫直接走在榻榻米上，天晓得会留下什么痕迹。（中略）就预防和消灭鼠疫这点而言，问题在于猫不是只在外面吃老鼠，它们多半会把老鼠叼回家里，在榻榻米房间里玩弄一番后再享用。就算是健康的老鼠，人们也受不了剖肠露肚的它们被在榻榻米上拖来拖去，万一那老鼠带着鼠疫菌，简直危险至极，哪还谈得上预防鼠疫。因此，尽管养猫是最合理、最自然的鼠疫预防法，但是否适合现在的日式住宅，还有待商榷。[46]

其实很早就有人因此反对养猫,说:"猫之不洁,在于其行走于泥土地面后,脏着脚直接进入室内,注重卫生之人,绝不能养猫。"[47]这位作者还主张,既然抓一只老鼠能赏3钱,抓一只猫就应该赏30钱。科赫的学说风靡于世的时候,也有少数人持反对意见,比如:"像洋房那样铺着地板也就罢了,但如果是直接坐在榻榻米上的日式住宅,就实在不适合养猫,(中略)梅雨时节,光为了清理猫的脚印,就要派一个人一直跟着它。"又如:"猫抓老鼠(中略)必先把它弄得半死不活,边玩弄边拖着它在家里闹腾。万一那老鼠带着鼠疫菌,那可如何是好。"[48]不过那时候,这些反对意见敌不过像科赫这种大人物的学说,不受世人重视。但实际养过猫之后,很多人都对猫的"肮脏"无可奈何。

不卫生的猫

当然,对无须国家鼓励就自发养猫的爱猫人士而言,这种程度的"肮脏"并不成问题,他们也有相应对策,会限制猫在家里的活动范围。但如果出于卫生目的而养猫,那么猫的不卫生就会让人难以接受。换言之,正是因为公共卫生这个初衷,鼓励养猫政策才会落幕。

另外,前文引用的反对科赫观点的意见,顺带提及了条虫的危害,可见当时的猫带有大量的寄生虫。文中生动地描述:"日本的老鼠身上有无数的条虫,因此有不少猫也受害,抓的老鼠越多就越危险。而且这种条虫有一个特性,即身体可以逐节分解,蠕动于房间的各个角落,(中略)非常恶心,有洁癖的人尤其难以忍受。"此外,那篇文章还提到了猫粪:"猫多在外廊的地板下排泄,从卫生的角度来说不也是个值得探讨的问题?"[49]

就算给猫建了厕所……

也许有读者会想,如果不能容忍猫在外廊下排泄,那给它们做个厕所不就好了。其实早在江户时代之前,就已经出现了在箱子里铺上砂粒的猫厕所,叫作"粪仕"。谷崎润一郎的小说《猫与庄造与两个女人》里有这么一段描写:

> 要庄造说的话,这猫绝不会随地大小便,要上厕所的时候,一定会跑进"粪仕"里。尽管这值得表扬,问题是就算出门在外,它也非得回家钻进"粪仕"才罢休,弄得"粪仕"臭烘烘的,家里也是恶臭冲天。再加上它屁股上沾着猫砂跑来跑去,弄得榻榻米上都是猫砂。到了下雨天,臭气更是闷在屋里,难以散去。猫从外面的泥泞地上直接跑进来,屋里到处都是它的脚印。[50]

谷崎自己爱猫,想来这段描写基于他的亲身体验。正如爱猫人士所言,"养着猫的人,如果因为猫弄脏榻榻米、刮破纸糊的移门、挠花柱子而烦恼,就不算真的具备养猫的资格","既然养了猫,总归要忍受榻榻米被弄脏这点小事",[51]在那个时代,想要养猫,就意味着要对这类不洁之事睁一只眼闭一只眼。

图23 大佛次郎和他的爱猫（大佛次郎纪念馆藏）。以前，养猫就意味着要忍受纸糊的移门被刮破、家里被弄脏

讨厌猫的理由

画家藤田嗣治在随笔里写，"似乎很多日本人不了解猫，不喜欢猫"，[52] 另一位画家木村庄八则说，"十人之中，六人讨厌猫"。[53] 木村所说的六人之外的四人，也不见得全部爱猫，其中还包括了对猫漠不关心的人，因此整体来说，喜欢猫的人还是很少。

很多人之所以讨厌猫，在很大程度上是因为猫"不卫生"。"我至今没有养过猫，其中一个原因就是猫从外面脏着脚直接进屋，实在让人觉得脏、不卫生"[54]"（猫）粪痕狼藉、污秽不堪，已经不能用言语来表达"[55] 等言论印证了这一点。哪怕到了战后，甚至到经济高速增长时期之后，还是有很多人觉得喜欢舔自己屁股的猫很脏，或是嫌弃猫身上带的细菌，所以不喜欢猫。[56]

或许有人会想，既然如此，为什么不把猫养在家里呢。这是因为当时的日式住宅四面开放，主人很难把所有的出入口都封闭起来。尤其在盛夏，如果通风受阻，屋内就会酷热难耐。再加上，很难制止在春天发情期想要出门的猫，它们甚至会把纸糊的移门挠得破破烂烂。那时候尚未普及猫的避孕、去势手术，因此主人几乎不可能不让发春的猫外出。此外，"恐怕没有一户人家能摆脱猫蚤的烦恼，非但猫很痛苦，人类也大为困扰"。[57]正如这段话所说，猫蚤的存在也是件烦心事。

女人似猫，男人似狗

说到对猫的喜恶，女性讨厌猫的报道频出是这个时期的一个特征。第一章已经提过，时常有人主张从江户时代以前开始，在爱猫者中就是女性居多；也有人说，相比男性，猫和女性在一起的绘画作品或照片更多；还有人说，女性的性格像猫，所以女性更喜欢猫。下文这个意见可谓将此表述到了极致：

> 自古，狗为男性之仆，猫为女性之伴。（中略）猫狗相较，本性相差甚远。（中略）所谓男性好狗，女性爱猫，正体现出两者之不同。（中略）狗外向、猫内敛，恰似男性奔放、女性神秘。（中略）猫捕鼠时，先藏身于阴影处仔细观察猎物，或故作漠不关心

之态，看准时机，一举攻击，(中略)真可谓心思缜密，准备周全。(中略)狗颇为正直，猫甚是狡猾。女性因性子相近而爱猫，不得不说女性同样甚为狡猾。(中略)其次猫喜好奢侈，乐于安逸，亦与女性相似。(中略)试想世事艰辛，男性皆如走狗，辛勤劳作；女性恰似宠猫，享乐堂上。女性是何等幸福！如今天下太平，再没有比生为男儿更吃亏之事。[58]

正如第一章所说，这段文字把对猫的负面评价和对女性的负面评价相重合，认为女性狡猾所以才会喜欢同样狡猾的猫，充满了偏见。这种把猫和女性予人的印象联系在一起，妄断女性爱猫的言论非常普遍。

女性喜欢猫吗？

但是，在上述言论横行的同时，在明治后期到昭和战前时期的随笔和小说里，随处可见女性讨厌猫的话语或描写。比如，作家生方敏郎爱猫，截至 1934 年（昭和 9 年），他已为将近 100 只幼猫找到了主人。在这个过程中，他得出了爱猫的男性远超过女性的结论。他问对方能不能收养猫的时候，男性通常一口答应，而女性则要先和父母或丈夫商量才能决定。另外，丈夫已经答应收养，但因为妻子不喜欢猫又送回来的情况也很常见。[59] 当然，考虑到当时家庭里的男女地位，即便想要养猫，在询问丈夫的意见之前不敢表态的女性应该也不在少数。

话虽如此，除了生方外也有不少人认为"一般而言，西方女性爱猫的倾向较重，而日本女性则不然"，[60]这里面似乎还有男女地位高低之外的理由。记者铃木文史朗刊登在杂志《新青年》上的小说《猫》里出场的一个讨厌猫的女性说："我可不喜欢猫。它们围着你的裙摆打转，弄得厨房和榻榻米上到处是毛，下雨天脏着脚跑进屋来，无节制地偷吃东西到呕吐。"[61]尽管是小说，但其他杂志的文章里也提到有不少女性因为类似的理由讨厌猫，所以这段描写应该与实情相符。

生方敏郎认为，女性讨厌猫，是因为猫会弄破、弄脏家里的东西，偷吃食物，挠伤婴幼儿，跑到人的膝盖上掉毛，用泥脚踩脏衣服，这些都会给承担家务的女性带来负担。对男性来说，猫不过是偶尔玩一玩看一看的玩物；但对女性来说，猫不但是玩伴，更是需要照顾的对象。不但女性做家务的时候受扰，家计也会因为猫的偷吃而受到影响，因此在女性尤其是职业主妇看来，猫是很大的负担。[62]生方在自己的小说里让一位妻子说出"猫把老鼠吃得一片血肉模糊你是可以不管，但听好了，我们要收拾干净可不容易"的话，或许正是基于自己的亲身见闻。[63]

近世之前，并非完全没有男主外、女主内的规范。不过到了江户时代，全家一起劳作，男性也参与育儿的情况仍然非常普遍。可是明治时代以后，随着"贤妻良母"理念的普及，人们逐渐接受了做家务和育儿纯粹是女性的职责这一观念。另外，从江户时代到明治时代，一定阶层以上的家庭往往会雇女仆来辅助女主人打理家务（因此文献中常见女仆驱赶猫的描写）。但是从明治末期到大正时代，生活在市区和近郊的"新中间层"增多，不少收入不太高的家庭，就算雇仆人最多也不会超过一人（而且到了大正末年，女仆数量严重不足），家庭主妇不得不亲自育儿、做饭，肩负起"贤妻良母"的重任。对这些主妇而言，养猫会加重自己的劳动量，绝非值得欢迎之事。昭和初期，某杂志上的一篇文章写"文艺工作者和中流以上家庭的女性尤其爱猫"，[64] 考虑到上述背景，就能理解这里为什么要强调"中流以上"。讨厌猫的女性的存在，或多或少阻碍了家庭内养猫的普及，和前面提到的猫的"不卫生"一起加快了杀鼠剂取代猫的进程。

猎猫人横行

话说回来，当时国家鼓励养猫，是否对猫的数量增加有所贡献呢？可惜没有统计资料能回答这个问题。但是1922年（大正11年）4月4日《读卖》的投稿栏中刊登了一篇题为《不应养猫》的文章，大意如下：国家为了对付鼠疫鼓励养猫，猫的数量却压根没有增加。为什么这么说呢，是因为就算养了猫，它也会消失不见，最终"又有多少人能把猫养到底"。而猫之所以会消失不见，是因为有人偷猫剥皮，有人买猫皮来做三味线，这是"不争的事实"。既然养猫会被偷走，那还不如不养，"用内务省已经许可的、极为安全的'猫下岗'来代替猫驱鼠"。[65] 由此可见，鼓励养猫政策实施10年后，人们并没有感觉到猫变多，其原因就在于"猎猫人"。

084　猫走过的近现代：从妖怪到家人

从明治时代到昭和战后时期，猫主人最害怕的就是"猎猫人"。战前，抓了猫之后在公共场合剥皮的行为被法律禁止，报上时常有犯人因此被捕的报道。在鼓励养猫政策发布后不久的 1908 年 12 月，报纸报道说，警视厅太平町分署后藤分署长的猫被猎猫人杀害，"署长痛哭不止，泪流满面地把遗骸葬于该町弘安寺内"。报道还提到，猫皮的价格是 80 钱，猎猫人一天的收入可达 30 日元左右。[66] 猎猫的方法一般是在绳子的一头拴上木天蓼或麻雀为饵，吸引猫接近。而战后常用的金属捕猫笼在战前几乎没有出现过。

以前被逮捕的猎猫人最多也就抓了几十只猫，打从官方开始鼓励养猫之后，正如媒体报道的那样，"最近流行偷猫"，[67] 非但案件增多，偷猫数量之大也令人瞠目。1912 年，出没于神田区、浅草区的男子因为偷了 500 多只猫并剥皮被捕。[68] 1922 年 8 月，偷猫贼被大规模检举，据报道，其中一名住在千叶县君津郡的男子和他住在下谷区龙泉寺町的老大抓了一万多只猫运去关西。[69] 另外，1925 年 8 月，埼玉县北埼玉郡一名男子被捕，他从上一年 9 月开始，一年之间偷了 4000 只猫。[70] 1926 年 1 月，本所原庭警署逮捕了一名住在北丰岛郡三河岛的男性，此人从上一年的 10 月开始，短短 3 个月就偷了 5000 只猫。在该警署里，一名女性猫主人抱着爱猫的皮毛哭得痛不欲生。[71]

1912 年前后猎猫人的实际情况

1912 年的杂志上有一篇描述猎猫业界实际情况的文章。据其描

第三章　国家掀起的"猫热潮"：猫的三日天下　085

述，以猎猫为职业的人分为"本职"和"地下"两类。"本职"集中在浅草光月町，其中不乏有妻室之人，但大多数同住在简易旅馆里，总人数约为 20 人。"地下"则为 30 人左右，分散居住在浅草区内，有人有自己的房子，也有人住简易旅馆。"本职"和"地下"的区别在于他们和收购商的关系。收购商中，有 5 家在光月町，1 家在土手下，他们只能从"本职"手上买猫皮。如果从"地下"那里进货被曝光，就会被"本职"打得半死不活。至于收购价，已经剥好皮的 80 钱，尚未剥皮的 55 钱。"地下"不能将猫直接卖给收购商，只能卖给"本职"，其价格比"本职"卖给收购商的价格要低两成。

这些人抓到猫后，多在公厕里剥皮，因此"手术室"成了公厕的隐语。猎猫的时候，他们大多穿着披肩斗篷大衣或外套，略有绅士风范，先到鸟店买好麻雀塞进口袋里，然后在麻雀腿上绑好线，用来钓猫。猫听到麻雀扑腾着翅膀的声音就会靠近，猎猫人趁机抓住它们揣入怀里。家养的猫会觉得外套里面暖和，所以不太闹腾，甚至有些猫会发出咕噜声。就这样，猫被带去了"手术室"。[72]

猫皮的价格

收购商以 80 钱的价格进货，转手高价卖给三味线制造商。在刚才那篇报道的 11 年前，据称，"东京的三味线师傅使用的猫皮成本为一张 2~3 日元，一年下来，进货金额就高达 10 万日元以上"，[73] 可见卖出价是 11 年后收购价的两倍以上。估计到了 1912 年，收购商能以更高的价格转卖猫皮。

由于此后警察加强取缔猎猫，再加上第一次世界大战之后物价飞涨，到了 1919 年前后猫皮价格大涨。据报道，加上人工费，给三味线换皮要花 8~10 日元①。或许有人会问，既然猫皮如此昂贵，为何不大规模养猫取皮呢。其实，1919 年的养猫费用大约是每天 6 钱，出生 4 个月、乳腺尚未发达的猫皮最适合用来做三味线，就算 3 个月的饲养费，也需要 5 日元 40 钱，再加上人工费，成本高于 8 日元，因此并不划算。[74] 而且在三味线师傅看来，"最好使用年幼、被精心饲养的猫的皮，如果养得粗糙，皮毛上伤痕较多，没法使用"。因此，猎猫人的魔爪必然伸向那些受到呵护的家猫和幼崽。[75]

据报纸的报道，那些抓了数百、数千只猫的猎猫人接二连三地被捕。另外在下一章中我会提到，当时普通人虐猫的行为也非常普遍。因此不难想象，国家再怎么鼓励养猫，猫的数量还是很快就会减少。既然猫很快就会死去或被抓走，当时的人自然会觉得还不如用"猫下岗"来驱除老鼠。这场"猫热潮"就这样成了"猫的三日天下"。

---

① 第一次世界大战之后的 1 日元按金价或米价换算，相当于现在的 2000~3000 日元。

第四章
猫的地位提升和苦难：动物保护和震灾、战争

1 在虐待和保护之间

日本最早的爱猫团体成立

国家主导的鼓励养猫政策并没有起到太大效果就"寿终正寝"。然而在此期间，正如本章将要讲述的，日本最早的爱猫团体成立，首届猫展得以举办，以猫为标题的报纸创刊，这些都昭示着猫的社会地位有所提升。

上一章所述的奖励养猫运动开展得如火如荼之际，日本最早的爱猫团体应运而生。该团体缘起于 1908 年 8 月举办的"捕鼠竞争会"，首倡者是居住在四谷区传马町的书法家川岛（一说"河岛"）水香，另有大枝市右卫门、桥都仪助[1]等数人支持。他们把 20 只左

---

[1] 大枝市右卫门是药商，桥都仪助身份不明。

右的老鼠关在 10 块榻榻米[①] 大的正方形笼子里，看哪只猫抓的老鼠最多就给予奖励。该活动每个月举办 2~3 次，以期提高猫的捕鼠能力。据报道，大枝为此买了两只 1 贯[②]250 钱（大约 4.7 公斤）的大猫，桥都则拜托埼玉县蕨町著名的养猫婆婆吉田加津饲养了大约 30 只猫。[1]

此后，相关人士似乎成立了"东京爱猫会"作为该会的主办方。说"似乎"，是因为提及该会的史料很少，实际的活动内容仍是个谜。后来，桥都仪助以"东京爱猫会会长"的名义接受报纸采访，言及了设立爱猫会的契机。起因是竞争会的发起人川岛水香关注到社会上普遍存在的杀猫现象："东京市内平均每个月每个町都有三只猫被扑杀，付给收尸人的劳务费是一只 30 钱，费用不菲且毫无益处"，"（家猫）过了五岁就不再抓老鼠，一般爱猫人士也只喜欢毛色光亮的猫，老丑之猫通常被逐出家门，终遭杀害"。[2] 从上述文章里的"收尸人"等语句来看，"扑杀"指的应该不是官方处置流浪猫（况且很难想象政府在鼓励养猫的同时公然扑杀猫），而是殴打猫的行为，或如前一章所说的猎猫取皮等民间的种种虐待。

"老猫罕见，和幼猫的数目不相配"，"狗也好猫也罢，小时候与其说可爱，不如说适合把玩，待其年老色衰，（中略）就任由它自生自灭，或饥饿而死，或遭人虐待，皆漠不关心"，[3] "不可思议的是，

---

① 1 块榻榻米 =1.824 平方米。
② 明治维新以后日本的重量单位。1 贯 =100 两 =1000 钱 =3.75 公斤。

图24 明治末期猫的照片（渡边银太郎《动物写真画帖 家畜篇》，新桥堂，1911年）。此前，受技术制约，猫的照片仅限于睡姿或坐姿，从这个时候开始终于能拍到动态的猫

东京光幼猫增多，老猫的数量却不见增长"，[4]这些都发生在现实之中。对现状感到不满的东京爱猫会，此后究竟如何开展活动，一直持续到何时，详情已不得而知。但标榜"爱猫"的团体成立，在猫史上无疑有着划时代的意义。

1910年石田孙太郎的著作《猫》[5]出版。该书涉及猫的生活状态、猫的传说等方面，是最早的有关猫的综合读物。当时，除了小说外，几乎没有以猫为主题的书籍，据说这本书起先也卖得不好，但后来数次重版，现代人也能读到河出文库的版本。如果没有不久前实行的奖励养猫政策，这类书籍恐怕难以出版。

日本最早的猫展

1913年（大正2年），微笑俱乐部主办了日本最早的猫展"喵喵展览会"。该俱乐部的会长是实业家牧野元次郎，他主张"微笑主义"，即与人和平共处，从而实现世界的和平圆满。参与会刊编辑的阪井久良歧出于社交目的，策划并组织了这场展览会。由此可见，主办方与其说对猫本身有兴趣，不如说是以此为噱头。但当年假名垣鲁文主办的"珍猫百览会"展出的不过是和猫相关的物件，这场"喵喵展览会"展出的却是真猫，还给它们排名，无疑能算作日本最早的猫展。

赞成举办这场展览会的有《我是猫》的作者夏目漱石，小说《小猫》的作者村井弦斋，文艺杂志《黑猫》的主办人、歌舞伎演员第六代尾上菊五郎，以落语《猫久》闻名的第三代柳家小三治，经常画猫的画家岛崎柳坞、仓石松亩等著名人物。主办方在报纸上刊登如下广告，公开招募参会者："本次猫展览会可谓一代奇观，还请各位爱猫人士积极参与，展现动物之美。"此外，他们还邀请上述赞成者参展。对此，夏目漱石回信拒绝："其实各位所知的那只猫早已去世，因此无法参展。现在养的是只纯黑的贼猫，不巧前阵子犯了皮炎，没法见人，加上正逢发情期，上蹿下跳，居于末席亦不配，再抓新猫也不现实。"[6]

会场的情形和获奖的猫

展览会于 1913 年 4 月 5 日（周六）下午 1 点在上野公园的精养轩开幕。参展费为 1 日元 50 钱，包括了放猫的箱子和立餐的费用。以朝仓文夫的雕塑《病愈后的猫》为首，会场内陈列有竹内栖凤、尾竹竹坡、仓石松亩、荒木十亩、岛崎柳坞等大家的猫挂画。参展的猫被关在箱子里，排成上下两层进行展示。当天的参观者包括军人、艺术家、东京市里的记者等，据称宾客云集。

该展览会设 6 名审查员，以评判猫的优劣，分别是策划人阪井久良歧、上野动物园园长黑川义太郎、微笑俱乐部理事松永敏太郎，以及来自东京知名动物医院的三名兽医。他们各自给猫评分，主办方取其平均数选出第一、第二、第三名。获得第一名的是下谷区西黑门町铃木彦太郎养的三花公猫"阿咪"。因为根据遗传规律，三花猫通常都是母猫，因此公猫特别珍贵。第二名是麹町区三番町石塚正治养的纯白母猫"阿雪"。它的旧主是因日俄战争中的旅顺战役而为人熟知的斯特塞尔将军[①]，后来几经周折，它被石塚收养。第三名是麹町区一番町东古流花道师傅龙湖园松溪养的猫，也是一只三花公猫，名叫"玉吉"。最终获奖的是两只三花公猫和斯特塞尔将军曾养过的猫，可见评奖的标准在于稀缺性和话题性。另外，主办方将特别奖授予了芝区白金三光町真野藏人养的长毛猫"丸子"（当时在

[①] 阿纳托利·米哈伊洛维奇·斯特塞尔（Anatolii Mikhailovich Stoessel，1848~1915），俄国陆军军人，日俄战争期间担任旅顺要塞司令官，在旅顺战役中和乃木希典指挥的第三军作战，因造成大量死伤的 203 高地争夺战，在日本很有名。

日本，长毛猫罕见）。第一名的奖品是价值 5 日元的鲣鱼片兑换券，获第二名、第三名、特别奖的猫则依次获得 3 日元、2 日元、1 日元的兑换券。另外，每只参展的猫还得到了奖状和三块鱿鱼干。

报道这次展览会的报纸还提及了住在小石川区久坚町的女性畑竹的故事，引起了人们的关注。她准备带去参展的爱猫"贞子"在开幕前不久不幸被人杀害，无奈之下她只好把猫做成标本带到会场。这是阿竹在北海道函馆的时候，从俄罗斯正教会神父尼古莱那里接手的俄罗斯猫（现在所谓的俄罗斯蓝猫）。标本和实物相差甚远，猫脸显得很恐怖，阿竹为此叹息不已。她念起爱猫，不断呼喊"阿贞呀阿贞"并泪流不止，让观众大为同情。此外，《大和新闻》的记者平野十瓶养的黑猫"重平"精力过于旺盛，大闹会场，也成为坊间话题。华族的参展也令人瞩目，伯爵酒井忠兴带来了爱猫"皮幺"，子爵内藤政光的堂妹操子带来了堂兄养的"羽左卫门"。

这场活动通过舆论造势吸引了大量观众，尤其是华族的参展昭示着爱猫人士的增加已成为一种社会趋势。但同时，也有报道嘲笑说："宠猫的女性多半没有孩子，她们站在自己带来的猫边上，像跟人说话一样溺爱它们，实为一大奇观。"[7] 可见当时像对待家人一样爱惜动物的人，还是会被旁人用异样的眼光看待。

首家猫报纸

1915 年（大正 4 年）11 月 15 日，由作家沟口白羊担任主笔的《犬猫新闻》创刊。尽管名字里有"新闻"二字，排版也和一般报纸类似，但实际上，它不过是宫武外骨①编辑的《袋杂志》的一部分，并非每天发行。除了《犬猫新闻》外，《袋杂志》还收录了《猥亵和法律》《废物利用杂志》等有趣的媒体，并打算从第二期开始尝试《牛肉新闻》《江户脏话评论》《狂人研究杂志》《反上抗官史》等题材。可惜发行杂志的天来社资金不足，《袋杂志》只出了一期就停刊，再也没了下文。《犬猫新闻》虽然标题里猫狗并提，内容也以狗为主，但无疑是首家标题里有"猫"字、以报纸自居的媒体。其中和猫相关的文章中，有议论有轨电车碾死猫狗现象多发的《杀死猫狗的文明》、宫武外骨撰写的提及珍贵的三花公猫的《三花的公猫》、解说和猫相关语汇的《猫草子》等。另设题为《犬猫消息》的栏目，其中刊登了"筑地三丁目的爱猫人士永井文美养的公猫豆子得了猫流感，上月17日住院，25日痊愈出院""日本桥区北槇町福井菊三郎家的小白是只公的异眼猫，因为感冒性胃炎住院，10月23日已顺利出院"等消息。栏目的首要目的，与其说是为爱猫、爱狗人士提供消息，倒不如说是模仿人类的报纸搞笑罢了。

据该报称，当时光东京就有三种狗杂志。"世间只有狗杂志却没有猫杂志、猫报纸，虽说这一结果反映了人心所向，但猫狗本是同系的兽类，人类不应因爱憎偏颇的私情而区别对待它们，本报被命名为《犬猫新闻》，即缘于此，究其根本，在于博爱平等、一视同仁的精神。"即便到了大正时代，一般而言狗的人气还是远胜于猫。在

---

① 宫武外骨（1867~1955），记者，作家，以研究明治时代的世相风俗闻名。

这样的时代背景之下,这家报纸把"猫"加入标题,可谓独具特色。

此外,比其稍早一点的报纸上刊登了兽医的话:"山手一带的兽医院有很多狗患者,而下町的兽医院则以猫患者为主,①(中略)大概是因为中流以上的家庭多养狗,中流以下的家庭多养猫吧。"[8]这或许是有狗杂志却没有猫杂志的原因之一。

尽管狗的人气较高,但以猫为题的报纸和猫展的出现,意味着猫在社会上逐渐受到关注。但同时,所谓的"猫"报和"猫"展不得不标新立异以吸引眼球,和现代的面向爱猫人士的杂志和猫展的内涵大不相同,这说明猫的社会地位依然不高。从明治末期到昭和初期,一方面,包括猫在内的动物愈发受到关注,保护动物的思想逐渐普及;另一方面,人们还不能接受把动物当作家人一样爱护,虐待动物的陋行也依旧难以根除。

动物保护组织的出现

说到动物的社会地位上升,顺带一提,在东京爱猫会成立 6 年前的 1902 年,日本最早的动物保护组织——动物虐待防止会就已经诞生。设立该会的核心人物是广井辰太郎②,发起人名单上的井上哲次郎、井上圆了、岩本善治、德富苏峰、户川残花、何礼之、河濑秀治、棚桥一郎、高桥五郎、辻新次、南条文雄、成濑仁藏、内藤

---

① 山手指东京市区的西侧,地势高、地价贵;下町指市区的东侧,因为有河流通过,所以地势低洼,房屋密集,居住条件差。
② 广井辰太郎(1876~?),基督教牧师,曾任中央大学、东洋大学教授。

湖南、村山专精、大内青峦、冈田朝太郎、山县悌三郎、山县五十雄、藏原惟郭、前田慧云、福岛安正、近卫笃麿、江原素六、安部矶雄、泽柳政太郎、佐治实然、堺利彦、岸本能武太、汤本武比古、涩泽荣一①、岛地默雷、元良勇次郎等人都是当时鼎鼎有名的知识分子、教育家及宗教人士。1908年，该会改名为"动物爱护会"。1914年，日本人道会成立后，广井出任该会专务干事，动物保护活动的重心也转移到了那里。日本人道会的名誉会长是锅岛直大②，名誉副会长是后藤新平③，不少社会名流参与其中，但发挥了强有力的领导作用的是理事长新渡户万里子（新渡户稻造④的妻子，原名玛丽·埃尔金顿）。日本人道会颇受基督教精神影响，美国大使馆武官的妻子弗朗西斯·巴内特、铃木大拙的夫人比阿特丽斯⑤也积极参与其中。9

像这样，从明治末期到大正时代可谓日本动物保护运动的黎明期，也是这一思想和运动逐渐普及的时期。但是，为什么保护动物的团体要叫"人道会"呢？其实这个名字反映出当时的动物保护运动理论者的性格。

以堺利彦为例，他曾为《万朝报》《平民新闻》等媒体撰稿，是宣传社会主义的社会活动家，同时加入了动物爱护会并积极地参与

---

① 涩泽荣一（1840~1931），实业家，参与创办了500多家企业和经济团体，同时致力于福利慈善事业。
② 锅岛直大（1846~1921），佐贺藩最后的藩主，侯爵。
③ 后藤新平（1857~1929），曾任"台湾总督府"民政长官，东京市长，内务、外务大臣等。
④ 新渡户稻造（1862~1933），思想家，教育家，《武士道》的作者，在美国留学期间和夫人相识。
⑤ 铃木大拙（1870~1966），佛教学家。夫人的日本名为铃木琵琶子（1878~1939），是美国的神学者。

其中。面对虐待动物行为的横行，堺批判说"此等毫无同情心、不为对方着想、不念慈悲的行为实在是人类社会的耻辱"，认为"无论如何都要防止虐待动物的行为发生，要在人类社会普及博爱精神"。但他的理论是这样的："往死里鞭打马的人，就会往死里使唤人；虐杀马反而感到快乐的人，虐杀起人类来也会毫无感觉"，"爱动物之心，就是爱他人之心；能保护弱小的动物，才能保护弱小的他人。爱护家畜、保护家畜，对凝聚一家的人心有莫大的效果，尤其对儿童的教育有重大意义"。[10] 他强调保护动物的最终目的不是让动物脱离苦海，而是教育人类。这并非堺一个人的想法，而是当时动物保护运动中随处可见的典型论调。

宠物并非"家人"

正因为动物保护运动的理论基础是以人为中心，所以，堺同时警告世人，爱护动物也要有节制："要警惕溺爱家畜的不良风气，把狗和人同等对待，爱猫胜过女仆，实在可笑。"[11] 像后人那样，把宠物当作"家人"一样看待，在当时还是邪门歪道。

堺还著有由动物虐待防止会出版的《我家的猫狗》。翻开此书，能看到他毫无顾忌地丢猫的叙述。

> 有一次在大阪，家里突然来了一只迷路的小猫。姑且养了一阵子，但它上厕所的习惯实在不好。（中略）最终别无他法，只能决定遗弃，第二天就把它丢去了镇外的田地里。那时，我突然起兴，

吟诗一句：

　　弃猫归途，野道秋风。[12]

　　宣传动物保护的书籍里居然有这样的内容。书里还提及，他从福冈搬家到东京的时候也丢下了猫，而养的狗冲着邮递员吠叫时，他"觉得非得好好教训它不可，就把它抓过来痛打一顿之后五花大绑地捆在门柱上"，后来每逢这条狗对着人大叫，他都会施以处罚。

描写了虐待场面的范文集

　　连主张保护动物的人都是这种态度，放眼整个社会，毫不介意地虐待动物、虐杀动物的人更为常见。比如，1909年（明治42年）出版的面向小学生的日记范文集《暑假日记指南》收录了这样的文章——

　　　　正在午睡的时候，猫跑了出来，撞翻了洗笔的水桶，把颜料和画弄得一团糟。我顿时心下不快，再一看，它居然躺在了书箱上。"浑蛋，看我怎么收拾你！"我这么说着挥拳而去，没想到那畜生还挺贼，转身闪开就溜。这一来我更是火上浇油，在榻榻米上追着它跑，最后总算给我抓到了。听到动静的妹妹飞奔而来，拉开移门的瞬间，我的铁拳正好落在猫的头上，只听那家伙发出一声悲鸣……

现在，面向儿童的日记范文集绝对不会拿这样的文章当"模范"。但在当时，写给成年人看的文章里比这更多地出现虐待动物的描写。比如，著名作家大町桂月为杂志《文艺俱乐部》写的《猫征伐》一文，就写了他为了抓住偷吃小鸡的猫想尽办法，其中竟然不乏往猫身上浇汽油然后放火烧它这样的想法，在今天看来非常残酷。最终，他是把猫装在箱子里丢进池塘溺死的，但行文语气寻常，并未特别强调这种行为是如何残忍。正因如此，可以想象，不管是对作者还是对读者而言，杀猫都是非常普遍的现象。[13]

遗弃猫的爱猫人士

当时自称爱猫的人，也会肆意遗弃猫。比如，室生犀星[①]家里有一只猫，每逢搬家，都会跑回原先的家里。第三次搬家的时候，那只猫首先回到原先的家里，但过了不久，满身泥泞、摇摇晃晃地出现在了新家门口。长年饲养的猫如此千辛万苦地回来，本应被好好照料，犀星却嫌弃它"实在太脏，（中略）过了两三天吩咐家人把它丢了"，家人也没有反对。没想到那猫被丢了之后，又跑了回来。于是犀星就说："真不要脸，跟要饭的似的，把它绑在石头上沉到海里吧。"（实际上没有这么做，只是丢去了更远的地方。）对于和自己一起生活了 4 年的猫，竟能如此淡定地冷言相向，这种心境，恐怕现在喜欢猫的人永远也无法理解。[14] 近年常被视作爱猫人士代表的犀

---

① 室生犀星（1889~1962），诗人，小说家。

星，还在某篇文章里写"猫本性狡猾，毫无正直之处"，"在家里，虽然我不喜欢猫，但女人对其爱不释手"，"女人的性格，本就如猫一般狡猾，互相怜惜也不足为奇"。[15] 犀星这种情况到底能不能算是爱猫人士还有待探讨，但家人明明爱猫，却也赞成犀星弃猫，由此可见当时人们对猫的态度和今天大不相同。

动物医院增加

不过，在这样的环境之下，尽管速度缓慢，爱猫的人着实在日益增加。一个现象就是为猫和狗诊疗的医院逐渐变多了。明治中期以前，所谓动物医院，主要是为牛和马看病的"家畜医院"。1895年（明治28年）前后，日本开始出现接待猫和狗的医院，有些甚至挂上了"犬猫医院"的招牌。1908年的报纸这样报道东京家畜医院的增加："每天都有几百号穷人想吃吃不饱，想死死不了，生了病买不起药，但在东京市内，光给家畜看病的医院就有30多家，而且都门面光鲜，也是稀奇事。"[16] 但事实上，即便到了1911年前后，还是以小规模、可疑的医院居多，东京70家家畜医院里，设备齐全且能为猫狗诊疗的不过五六家。除了那些以实业家等名人为客源的医院外，其他家畜医院的经营相当不易。[17] 况且，说是"犬猫医院"，带猫来看病的人远少于带狗来看病的人。

夏目漱石一生养过5只猫，第一代和第二代哪怕健康状态极度恶化也没能就医（第二代于1909年去世）。但到了1911年，他头一次带猫（第三代）去看病。诊疗费为40钱，在当时，够吃12碗单价为3钱5厘的荞麦面，比日工每天的收入56钱稍低。[18] 虽然算不上天价，但考虑到当时猫的地位之低，想必大多数人会觉得有点贵。因此会带猫去看病的人，多是富裕人家，而且对猫感情很深。漱石开始给猫看病，或许是因为他的心境发生了变化。[19]

再往后，据1916年（大正5年）的文献[20]记载，家畜医院"近来数量剧增"，但一般的医院没有让牛、马住院的条件，头等病患反而是猫和狗。也就是说，到这时候，给猫狗看病的医院成为主流。不过正如前面所说，和狗相比，猫的诊疗数较少，能给猫做临床检查（采集血、尿、便、体液、细胞组织等并进行分析检查）的医院更是寥寥无几，兽医大多只能根据表面的症状下药。这是因为兽医并没有太多和猫相关的专业知识。猫的医疗在真正意义上得到普及，要等到战后经济高速增长时期之后。

动物陵园的诞生

除了动物医院外，动物陵园的设立也反映出这个时期人们对动物的态度发生了变化。尽管江户时代之前并非没有给猫狗建坟的习俗，但一般不设墓标，人们将其直接埋在田里或大树下，或水葬于河流。诚然，回向院①等寺院会为动物做法事，但毕竟只是特例，动物专用的陵园并不存在。

可是到了明治后期，出现了专门安葬动物的陵园。1909年（明

---

① 位于东京墨田区两国，是净土宗的寺院，在江户时代埋葬了大量火灾和地震的无名死者以及受刑者等，因埋葬死者不分宗派，所以也接纳动物。在南千住另有一处分院。

治42年），位于大塚的西信寺住持中村广道和回向院住持本田净严一起策划成立了东京家畜埋葬股份公司。[21] 随后，中村又和回向院、警视厅协商，开设了东京家畜埋葬院，在来自东京各寺院的75位爱心人士的资金援助之下，买下东京府北丰岛郡长岛村字水道向的3000坪① 土地作为墓地使用。[22]

据中村说，当时人们把动物的尸体随意丢弃在街道上，尸体惨不忍睹，时间一长更是恶臭难闻。也有人把猫狗的尸体丢在河流或是水沟里，让人不忍直视。他觉得不管是依照佛教的因果轮回，还是参考基督教的灵魂之说，都不该轻视一切生灵，所以建造了这座陵园。[23] 陵园正式启用后，来自全国各地的殡葬申请纷至沓来，开园还不到100天，报纸就报道平均每个月的申请数达600~1000件，山手地区自不必说，下町地区的申请也接踵而来。[24]

畜类追悼大会

此后，东京家畜埋葬院为纪念埋葬数突破300只，顺带为日俄战争中死去的军马办七年祭，准备在两国回向院举办供养动物的大法会，为一切生灵祈祷冥福，甚至包括那些死于意外的流浪动物。该院向养狗的大隈重信②、前面提到的参加了猫展的伯爵酒井忠兴等显贵和绅士及各界的大师寻求支持，并和动物爱护会、东京兽医会协商，最终于1910年（明治43年）4月17日顺利举办了该会。

---

① 1坪约合3.3平方米。
② 大隈重信（1838~1922），第8、17届首相，侯爵，早稻田大学创始人。

主持大法会的是增上寺座主堀尾大僧正，各菩提寺的住持也应邀参加。

来宾之中，有被誉为"兽医之祖"的深谷周藏。聚集在他周围的兽医对军马深表同情，说："日俄战争中有大量军马阵亡，虽是畜生，却也堪称光荣牺牲。但政府只给人类种种恩典，七年以来对军马不闻不问，实在不公平。"与会的爱狗人士则热衷于披露自家爱犬的忠义事迹："猴狡猾，猫愚笨，唯有狗最为温顺忠义。"爱猫人士也纷纷追忆"我家的三毛那可真是贴心，晚上会钻进被窝帮我取暖""都说猫不会让人看到自己的死相，其实不然，我家的猫临死之前爬到我膝盖上叫个不停"。不过报纸上有关这场法会的报道却充满了讽刺意味："笔者为一窥所谓猫奴、狗奴的模样进入本堂，只见一条黑狗对着供品望眼欲穿，摇着尾巴，一脸'我也想死'的表情。"[25]可见世间依旧用奇异的目光看待"猫奴、狗奴"。

动物陵园陆续增多

除了东京家畜埋葬院外，1915 年前后，日本家畜葬仪社在三河岛开设了动物陵园万畜院。该院内葬有西园寺公望①的爱猫，以及久迩宫邦彦王②、大隈重信、寺内正毅③、涩泽荣一、新渡户稻造等人的爱犬。这些上流阶层的人物大多也参加了前述回向院的法会。[26]

---

① 西园寺公望（1849~1940），出自旧公家，第 12、14 届首相，公爵。
② 久迩宫邦彦王（1873~1929），昭和天皇皇后的生父，陆军军人。
③ 寺内正毅（1852~1919），陆军元帅，第 18 届首相，伯爵。

像这样，到了大正中期，尽管客源还是以上流阶层为主，但动物陵园收到的申请日增。据1917年9月24日《东京朝日》的报道，猫狗已不足为奇，近来甚至有不少人委托位于小石川的东京家畜埋葬院为蛇或青蛙举办和人类同样的葬礼。[27] 昭和初年，三河岛的万畜院因为卫生问题被警察勒令停业。但到了1929年（昭和4年），多摩犬猫埋葬股份公司在东府中新建了犬猫埋葬墓地，[28] 1935年，板桥区舟渡成立了东京家畜博爱院，就这样，动物陵园逐步增多。

据称，动物陵园的始祖——西信寺运营的东京家畜埋葬院截至1922年，接收的动物已累计超过10万只，在每年例行的追善供养会上，都会有亲王、华族的使者。[29] 后来，由于墓地不够用，该院就迁至大泉，改名为西信寺别院大泉陵园，设有动物专用的礼拜堂、佛殿、休息所、管理室、慰灵塔、地下纳骨堂、专用墓地、重油燃料火葬设备，以设备齐全为卖点，被媒体称为"服务到家，几近奢侈"。但当时也有杂志批评说"做到这份上已毫无理智"。顺带一提，1937年和其他动物一起火化的"普通火葬"的价位是大型犬4日元50钱，中型犬3日元，小型犬、猫2日元，幼猫1日元50钱；单独火化、埋葬的"特别火葬"的价位是大型犬9日元，中型犬7日元，小型犬、猫5日元。此外，每一只还需要50钱的搬运费。[30] 作为参考，当时人类的葬礼费用为50~60日元，日工的薪酬仅为1日元43钱。[31]

人类和动物的区别

如上所述,动物尤其是宠物猫狗的社会地位相比之前的确有所提升,甚至出现了专用的墓地。然而,正如一部分媒体将其报道为疯狂之举,事实上,当时社会上的大多数人并不认为人类应该如此对待动物。同时,相比于狗,猫的埋葬数极少。在那个年代,狗远比猫受重视。

另外,动物陵园这种形式的一层含义在于"仅限于动物"。东京家畜埋葬院的创始人中村广道曾说,"普通的寺院墓地是用来埋葬人的,极为神圣,(中略)在那里埋葬动物,哪怕其已经被烧成骨灰,这也会混淆人畜的界限,玷污神圣的人墓",所以才要另择他处,为动物专设陵园。[32] 也就是说,动物比人类低一等的观念依旧根深蒂固——因为不能把动物和人类葬在一起,所以才为它们设置专门的墓地(能让人和动物合葬的墓地出现于战后经济高速增长时期之后)。大正中期,在报纸上连载美国社会见闻的成泽玲川[①],在介绍了美国人像朋友一般对待宠物后,自豪地说"日本人严格区分人畜,正如君臣有别","(动物)成为少爷们的家臣,是桃太郎[②]以来的传统"。[33] 人类和动物之间有着巨大的鸿沟,宠物要想成为社会成员,甚至家庭成员,还有很长的路要走。

---

① 成泽玲川(1877~1962),记者、编辑,曾在美国办日语报纸。
② 《桃太郎》是日本著名的民间故事。从桃子里出生的桃太郎收了狗、猴子和雉鸡为家臣,前往鬼岛打败了恶鬼。

图 25 池边钧《幸存的猫》
(《日本漫画会大震灾画集》,
1923 年)

2 震灾、战争和猫

关东大地震和猫

1923 年（大正 12 年）9 月 1 日，发生了关东大地震。这场灾害可谓历史的转折点，此后，日本经历了昭和经济危机，向战争时代迈进。在地震、经济危机和战争之中，猫和人类一样，或可说，比人类更饱尝痛苦。

图 25 是池边钧画的《幸存的猫》，被收录在地震记录画册里。立于废墟上的临时住房外面晒着衣服，一只白猫伫立于旁。[34] 如标题所示，这只猫在地震里勉强存活了下来。和它一样，灾后有很多猫

狗流浪于废墟之上。

有关这场地震的记录很多，但提及猫狗的很少。这和东日本大地震之后，大量与灾区动物相关的书籍问世大不相同。难得言及猫狗的文献之一就是宫武外骨主编的《震灾画报》，其中有这样的描写："逃难的芸芸众生之中，有人什么行李都没带，却抱着猫或狗悄然独行。想来是人宠平常感情深厚，宠物虽是畜生，但人也不忍见它被烧死。"

但更多的人，连衣服都来不及换就逃跑，这才保住一条性命，根本没法顾及猫。据外骨的报道，"大火席卷过的街道上，出现了大量无主的猫狗"。话说回来，地震之后，很多人类的孩子都被遗弃。"这种时候，因为主人没有余裕而被留下的猫狗，毕竟是无知的畜生，不知该逃往何处，多被卷入猛火烧死，焦尸遍及废墟之上、道路两旁。街道上满是流浪的猫狗，主人遗弃猫狗的原因与父母遗弃孩子一样，大多是逃难的人从此要寄居人下，无奈为之。"[35] 很多猫被烧死，活下来的也多被主人遗弃。因为猫是低人一等的"畜生"，不难想象如果有人在逃难的时候还养它们，就会遭人白眼。池边所画的猫，或许就因此流落街头。

震灾中的悲喜剧

不过，也有人选择继续养猫。地震后，爱猫的剧作家水木京太留下了这样的记录："哪怕是日比谷公园里那些相互之间的隔断极为简陋的临时救灾房附近，也能看到猫在悠闲地打盹。"估计是救灾房

第四章 猫的地位提升和苦难：动物保护和震灾、战争　107

的居民养的猫。[36]

另外，这次地震的掌故集里收录了这样的故事。家住本所区石原的藤本江久女士是出名的"猫婆婆"，地震的时候，她顾不上家具什物，唯独把四只爱猫绑在腰带上，又用编织的包袱皮裹住两只小猫揣在怀里，前往本所被服厂旧址避难。不料逃难的人带来的家具什物成为火源，引发了巨大的火旋风，导致 3.8 万人遇难，酿成一大惨祸。"猫婆婆"虽然保住了性命，但大腿和眼睛受伤，系在腰上的四只猫也没能逃过此劫。

后来，江久被收留在日比谷第一中学，却不肯吃发放的食物。正巧有医生坐到她边上，要给隔壁的重症患者注射樟脑针剂，发现她眼前的包袱里有东西在动来动去。江久不肯让人看里面是什么，拼命抵抗，但最终，包袱还是被抢走了。在又哭又闹的江久面前，出现了两只互相嬉闹的小猫。原来被裹在包袱里的那两只小猫存活了下来。据江久说，她有个朋友是有钱人的继室，临终前把这两只小猫托付给她，作为酬劳还给了她三栋可以出租的房产。她不肯吃东西是因为要把食物分给猫，不想让人看到是怕会被指责现在不是管猫的时候。[37]同样的故事还被收录在其他教育用的书籍里（只不过婆婆的名字被写成了"藤本惠久"），想来是真有其事。[38]

增上寺的追悼法会

地震后，增上寺举办了供养动物的追悼法会。策划者是住在新桥的三味线演奏家池村赤子（田边莲舟①的女儿、三宅花圃的妹妹），为的是让那些尚未被供养的遇难者和"数不胜数的牛马猫狗"安息。该策划得到了早稻田大学以及名媛学校迹见女学校的支持，在两校学生的协助之下，池村考虑贩卖名为"复兴筷"的杂煮筷子②以筹集费用，并发布广告说只要把遇难动物的名字或戒名用明信片寄过来，就可以使之成为供养的对象。1924年（大正13年）1月12日，在朝野名士和学生们的见证之下，法会如期举办。池村酷爱动物，人称"动物爱护狂"。另外，日本人道会的弗朗西斯·巴内特也为这场法会提供了援助，就如本章第一节所述，这也能被视为动物保护运动的一项成果。[39]

动物保护设施正式成立

此后，池田和弗朗西斯·巴内特一起从事动物保护活动，致力于建设"动物养老院"，收养那些被人遗弃的猫、狗、牛、马。[40]虽然该计划没能立刻实现，但在巴内特的努力之下，1929年（昭和4年）6月2日，动物爱护慈悲园在镰仓的圆觉寺附近开业。该园占地面积700坪，能收容500条狗、100只猫，是真正意义上的动物保护设施。

原先，比阿特丽斯（铃木大拙的妻子）和女仆关口海鼠子就靠

---

① 田边莲舟，即幕府的外交官田边太一（1831~1915），号莲舟。他的长女龙子（1869~1943）是位小说家、诗人，嫁给了评论家三宅雪岭（1860~1945），号花圃。
② 正月里吃杂煮时用的筷子，比一般的粗大。

着巴内特的支持，在位于圆觉寺土地上的家中收养被遗弃的猫狗并带其接受治疗。但圆觉寺认为在禅寺里饲养动物不成体统，要求她们离开。再加上巴内特的丈夫任满，即将回美国，为解决问题，她们四下奔走，动物爱护慈悲园这才得以建立。[41]

另外，在巴内特和日本人道会的努力之下，从1927年5月28日到6月3日，举办了"动物保护周"活动，这也是日本最早的"动物保护周"（其实早在1923年，动物爱护会就曾主办过"动物爱护日"活动，但仅此一次，没能持续下去）。此后，"动物保护周"成了每年的惯例。从1933年开始，"动物保护周"的第二天被设定为"猫狗日"，主办方呼吁，把"准备遗弃的猫狗和流浪猫狗"送去日本人道会的收容所，或是送给那些愿意饲养的人。[42] 像这样，到了昭和初期，动物保护组织开始帮被遗弃的猫狗找新的主人。"动物保护周"持续了十多年，后来因战争一度中断，但战后很快恢复了，虽然日期和主办方时有变化，还是持续到了今日。

连麻雀也要同情

在这样的背景之下，动物保护意识在社会中逐渐增强。1936年（昭和11年）11月，一名做三味线蒙皮买卖的猎猫人被捕，当时的报道不但关注猫，甚至还拿被扣押的证物——麻雀（诱捕猫的饵）作为专题报道的题材。

虐待我的人类终于被送进牢里真是可喜可贺，想到今后再也不会被肆意使唤，不由得松了一口气。然而快乐是如此短暂。腰间挂着佩剑的人①围着我折腾还不够，自称是报社摄影组的家伙挤开他们，颐指气使地说着"停到手上""放到桌上"，然后狂按一通快门。（中略）我连啄米粒的力气都被耗尽，最终变成了一具惨不忍睹的尸体。

这篇报道从麻雀的视角叙事，可见在当时，不但是猫，连这只可怜的麻雀也成了人们关注的焦点。明治时代，舆论甚至不会同情被杀的猫，但到了这时候，连作为诱饵的麻雀都成了报道的对象，可见对动物萌生同情心的人着实变多了。[43]

猫的专门杂志

1935年（昭和10年）7月，日本最早的专业猫杂志《猫的研究》（副标题为"爱猫礼赞帖"，图26）由狗研究社出版发行。狗研究社面向爱狗人士出版相关书籍和杂志《狗的研究》，《猫的研究》是《狗的研究》的副刊，由负责编辑《狗的研究》的白木正光亲自操刀，爱猫的剧作家水木京太则提供了自己收集了几十年的和猫相关的藏书，作为参考资料。题为《世界最先进的英国猫科学之一斑》的文章，基于英国的研究成果，介绍了猫的身体特征、猫展、使用专业猫笼的饲养方法。此外，该杂志还收录了水木介绍日本猫史的文章、

---

① 指代警察。

图26 杂志《猫的研究》

对猫的品种（纯种）的解说、猫的饲养方法，以及雕刻家藤井浩祐、男爵白根松介夫人喜美子、画家藤田嗣治、以收集猫玩具闻名的艺术家河村目吕二等人的随笔，内容极为丰富。但和当时普遍的养猫情况相比过于专业，尤其对市民阶层而言更是如此，不免给人阳春白雪的印象。

另外，在《猫的研究》创刊时，也有人呼吁成立"猫俱乐部"。《猫的研究》上刊登的署名为"猫俱乐部创立事务所"的广告写道："爱猫人士众多，却还没有互相联络的机构和社交团体，实在让人遗憾。这次，我等借《猫的研究》创刊之机设立猫俱乐部，欲集同好畅谈，有机会时举办带猫参加的聚会，同时带动爱猫热潮。赞成者烦请与我等联系。达到一定的人数后，将另请诸位齐聚一堂共商详情。"藤井浩祐、小西民治[①]、驹城东一[②]、水木京太、白根喜美子等人都在发起人之列。但此后,该俱乐部似乎没有开展实质性的活动。持续开展活动的爱猫团体,还要再等一段时间才会出现。

猫和狗的人气差距

《猫的研究》创刊号自称第一辑,似乎有继续刊行的打算,但事实上,第二辑并未出版发行。后来到了1940年(昭和15年),狗研究社将《猫的研究》创刊号中的随笔剔除,只留下介绍猫的品种和饲养方法的部分并将之出版成书,此为《猫的饲养方法》。

该书的"编后记"写道:"世间罕见和猫相关的书籍,实在不可思议。写狗的书如雨后春笋般出现,爱猫人士难道不觉得寂寞?和养猫相关的学术研究,似乎也鲜有进展。"前面提到的《犬猫新闻》也同样质疑,为何只有狗的杂志却没有猫的杂志。宠物之中,狗的人气一向占据上风,另外,当时绝大多数人养的都是今天所谓的"杂种"猫,从国外进口特定的品种进行繁殖的商人也尚未出现。相比之下,狗的种类丰富,且想要获取相关信息的人较多。在这样的社会条件下,即便只有一期的专业猫杂志也值得大书特书。

经济危机、战争和猫

与此同时,时代一步步走向经济危机和战争之路,猫也开始

---

① 小西民治(生卒年不详),《读卖》的记者。
② 驹城东一(生卒年不详),兽医。

被笼罩于阴影之中。昭和初期，在所谓的"昭和恐慌"[①]里，农村尤其是养蚕地区因为米价下跌和生丝出口锐减受到严重打击。前面已经提到，相比城市，过去农村特别是养蚕地区养着更多的猫，而到了为了糊口而不得不"卖女"的年代，可以想象很多人家也无力养猫了。

《猫的研究》出版后过了两年，1937年（昭和12年）7月，日中战争[②]全面爆发。开战5个月后，日军攻破了中华民国的首都南京，次年10月，又占领了华中要地武汉。但随后战争陷入僵局，日本国内的物资严重不足。在这样的"非常时期"，社会舆论对养猫、养狗的抨击也愈演愈烈。1940年2月13日，在帝国议会众议院预算委员会会议上，立宪民政党议员北昤吉（北一辉的弟弟）发表了以下意见：

> 本届议会近日来就饲料问题多有讨论。（中略）德国等国在上次欧洲大战时，已将猫狗扑杀殆尽，只因其空耗食物，毫无实益。（中略）正如诸位所知，当下皮毛紧缺，粮食匮乏，实在让人头疼。值此困局，不妨请陆军积极扑杀猫狗如何？（中略）将除军犬外的猫狗全部扑杀，不仅皮毛有着落，饲料问题也能迎刃而解。

也就是说，他认为，为了弥补饲料的不足，应该扑杀那些吃白

[①] 受1929年10月开始的全球经济大萧条的影响，1930~1931年日本爆发了战前最大的经济危机。
[②] 即日本侵华战争。——编者注

饭的猫狗。陆军大臣畑俊六否定了这个提议,他说:"陆军当然与这项粮食政策有莫大干系,依赖军犬之处亦多。但把狗悉数杀尽,剥夺爱狗人士的乐趣,究竟是好是坏,尚需研究。"[44]

尽管战争已经开始,但陆军大臣此时还有余力,能顾及"爱狗人士的乐趣"。在北吟吉提出意见的四个月前,1939年10月出版发行的《警察协会杂志》上刊登了一篇题为《爱动物》的文章,作者是大阪府警察部特别队的成员。文中提到了一位名叫辻善之助的昆布商人,20多年来,他在家门口备上饲料和水,供往来牛马饮用,还收养了无数被遗弃的猫。作者对此大加赞美,说"闻者无不感动,这才是无声的榜样、鲜活的教材","如果人人都能像他一样一心为社会、为他人做贡献,生活就会变得更加美好"。[45] 另外,针对众议院预算委员会会议上的言论,致力于保护动物的日本人道会认为"畑大臣的答辩同时顾及了猫狗的作用和爱狗人士的立场,我等对此表示赞同"。该会理事于1940年2月19日造访陆军省,通过大臣官房"代替不会说话的动物"向大臣递送了感谢信。[46]

民意高涨

可是,批判养猫、养狗的人逐渐增多。作为限制奢侈品消费的一环,1940年3月底发布的物品税法和同施行规则规定,凡购买10日元以上的猫和狗,需要上缴10%的税。[47] 同时,由于粮食短缺,同月起在东京,贩卖内地米(日本本土产的大米)时必须混合两成的外地米(进口米,又称南京米,指代不好吃的大米)。坊间传闻,之所以采取这样的措施,是因为"一部分不识相的人不肯吃混合米,把外地米给猫狗吃",由此扑杀猫狗的舆论再度升温(此外,5月开始,外地米的混合比例上升到了六成)。[48]

在这样的情况下,1940年8月,日本人道会获警视厅许可,向人们这么推广"狗的益处":

> 一只狗的皮可以做两双鞋子,肉可以做两贯氮肥。仅东京市区,每月就有1500条狗死亡,足够做3000双鞋子、3000贯氮肥。扩大到全国,估计能有10~15倍。(中略)如此处置,还能节省火葬费用,可谓一举两得。养狗并非毫无益处。[49]

可是,这样用"狗的尸体有用"来反驳,有可能被曲解为必要的时候可以杀狗取资源。只能从这样的角度做文章,足见局势之紧迫。同年10月的杂志上甚至明言:"反对扑杀的理由已经毫无说服力。"[50]

猫的皮毛资源的动向

上述情况持续升温,最终发展为为国家捐献猫狗的运动。但在此之前,就已经出现了把猫作为资源来利用的动向。1938年(昭和13年)4月28日,《东京朝日》报道,针对皮毛不足的现状,农林省山林局开始在农村地区鼓励养猫,指导农民加工猫的皮毛。据这篇文章,猫的皮毛分为黑毛、三花毛、杂毛三种,收购"主要限于黑毛，因其可以用来做海军士官外套的里衬。另外，对虎斑猫皮毛的需求也不少，这种皮毛可以用于普通服装的领饰，也是擦拭纺纱机的必要材料"。[51] 不过，这项措施并没有什么人响应，和当时同样为了取皮毛而推广的鼓励养兔运动相比，几乎没能成为社会上的话题。而且当时，也没有人提议要征用宠物。

日中战争全面开始后，农林省制定了《羊毛生产力扩充大纲计划》，1938年以后又企图在"日满蒙三国"大力养殖绵羊。但和英美开战后，因为无法从澳大利亚进口种羊，该计划就此泡汤。[52] 此外，战争开始后不久国家就呼吁全民养兔，但因为劳动力不足和利润低等原因受挫。比如农林省于1939年8月1日制定了《家兔屠杀限制规则》并通知各府县。这是因为食物不足，不少人开始杀兔为食，因此政府规定从5月到10月原则上不允许屠杀家兔。[53] 还有一个原因是兔子的收购价过低，皮毛也卖不到好价钱。

捐献、征用运动的开始

鉴于兔子不能满足需求，1943年（昭和18年）起，从北海道开始，政府发起了强制捐献或征用家养猫狗的运动。西田秀子的研究[54] 详细探讨了这一过程。简单来说，首先，1943年4月在大政翼赞会①札幌市支部的提议之下，捐狗运动拉开帷幕；其次，次年5月的北海地方行政协议会上，驻室兰海军首席监督官建议用猫的皮毛

---

① 1940年在首相近卫文麿的指导下成立，取代了既有的政党和其他团体，是维持战争体制的国民政治团体。

第四章 猫的地位提升和苦难：动物保护和震灾、战争　117

制作航空兵的防寒服。从此，不仅狗，连猫的皮毛也成为征收对象。当时规定的价格是狗一只10日元，猫一只5日元。

这一运动很快推广至全国。1944年12月15日，军需省化学局局长、厚生省卫生局局长联名通知各地方长官，除军犬、警犬、猎犬以及被指定为天然纪念物的犬种外，家犬一律要捐献或被征用。该通知要求通过町内会、邻组①把政策彻底推广到基层，各地从此开始开展半强制性的捐献和征用活动。尽管该通知仅针对狗，但也有一部分地区把猫加入其中。1944年，仅在北海道就有4.5万只猫被征用。[55] 至于全国究竟征用了多少只猫，就不得而知了。

挖掘征用猫狗的真相

征用猫狗运动在战后很长一段时间内都无人提及，几乎已被遗忘。20世纪80年代出版的上村英明《汪喵侦探团》[56] 开始挖掘事实真相。近年，井上小美智《猫狗消失了》[57] 也通过口述史调查，揭开了至今为止不明的真相。随后，协助井上调查的西田秀子细心调查了当时的档案，完成了前述学术论文，详细还原了该政策的实施过程。近期，越来越多的报纸等媒体也开始提及这段历史。

随着历史挖掘工作的开展，我们收集到了不同立场者的陈述，包括那些放弃猫咪的人和参与扑杀猫咪的人。比如，一名杀猫人说，很多猫为了避免被打死跑到树上，在上面瑟瑟发抖，那光景就像是出现了一棵"猫树"，摇动不止。由于场面过于震撼，那人甚至昏倒

---

① 战争期间成立的基层组织，町内会类似居委会，邻组则包括10户左右的居民。

在了现场。[58] 在札幌，有人看到猫被放在装满水的化工桶里溺死，在静冈，有人回忆说无论如何都不想交出自家的猫，就去抓流浪猫冒充。[59] 那些交出猫的人，在战后过了很久仍会因为未能拯救自己的爱猫而自责。从事杀猫工作的人里，也有人难忘当时的情形，心有悔恨，不能释怀。

捐献、征用的实情

此外，虽同是捐献、征用，但猫和狗之间、不同地区之间有着很大的差异。首先，很多地区被征用的狗远多于猫（因为政府的通知只针对狗），而不同地区的落实程度也不尽相同。比如有人称，东京的征用出于自愿，但避难到了福岛县，猫狗就被全部强行征用，不由感叹"没想到基层的态度竟然如此强硬"。[60]

征用的理由，也不仅限于获取皮毛。在大阪府丰中市，回收狗的理由是防止它们在空袭的时候受刺激而攻击人类。在中野区鹭宫，1944 年（昭和 19 年）11 月 16 日的居委会传阅板报上写的理由则是"北九州空袭时有畜犬发狂"，完全没有提及皮毛的必要性。顺带一提，并没有证据证明在北九州空袭里真的有家犬发狂。[61] 此外，八王子市向市民发放的传单则以组织"狗特攻①队"为征用理由。[62] 因为军需省、厚生省出台的通知里提到了皮毛增产、杜绝狂犬病和除去空袭时的危险这三条理由，所以落实到基层时出现了种种

---

① 指自杀式袭击。

解释。是强制捐献，还是出钱收购，这也有地域差异。

据说《汪喵侦探团》的作者在收集相关陈述时，发现征用猫的案例几乎全部来自北海道。事实上，其他地区也有类似的案例，但和狗相比，征用猫的地区很少。比如，住在鹿儿岛的椋鸠十基于亲身体验创作的图画书《玛雅的一生》里，狗被征用，但猫到最后也平安无事。战争期间继续养着猫的记录并不少，英国文学研究者福原麟太郎从1931年起养的一只名叫"阿玉"的猫和他一起生活了17年，一直活到了战后。1945年春，福原的家在"建筑物疏散"[①]中被拆除，他带着猫搬到世田谷一位朋友的家里。他这样描写当时的情形：

> 猫也被放进篮子里一起带走，但人们笑我带着猫走在路上。我心想，这真的有那么可笑吗，就注意观察路上的行人——原来如此，很少能看到猫。4月中旬的大空袭造成了恐慌，人们纷纷逃难去市外。有一家儿子拉着板车，老父亲在后面推，夫人则在车边护着，当我看到一只小猫悠然自得地蜷缩在夫人怀里时，第一次觉得找到了同伴。因此，当我从世田谷搬回市区的时候，还是把猫放在篮子里，绑在板车上的一角。

往来的路人看到有人带着猫会发笑，并没有喊打喊杀。不过，

---

① 日本的住宅密集且多为木构造，因此为了防止空袭时火灾蔓延，日本在战争末期有计划地拆毁了一部分房屋。

带着猫的人罕见，说明很多人避难时留下了猫。[63] 同样住在东京的白根喜美子也说："战争发展到东京空袭那会儿，时常听说人们不得不哭着把爱犬送出家门的悲剧故事，不由得担心猫迟早难逃此劫，但幸运的是，猫没有受到牵连。"[64] 另有一人也提到，东京的娘家养着猫，有一次母亲来信告知，对面邻居家的阿姨哭着目送自家的狗被裹进包袱皮里带走，信中写道："还好我家的沙子是只猫。"[65]

1942 年的猫征用

尽管很多地区没有实施捐猫或征用猫的政策，但也有人表示，早在 1942 年（昭和 17 年）就被强行征用了猫。1942 年夏天，冈山县赞甘村（现美作市）国民学校三年级的一名女学生，接到村委会"征用猫"的指示，送走了从小一起生活的老猫阿玉。村委会的人对她说："阿图岛①的气温有零下 40 摄氏度，守卫那里的士兵们需要猫的皮毛作为大衣的里衬。能为国家出力，是值得高兴的事。"她觉得阿玉很可怜，恳求母亲把它藏去山里，母亲害怕"这么做会被宪兵抓走"，所以不得不奉命行事。事后，知道真相的姑娘在神社后面大哭了一场。以后每到夏天，她都会想自家的猫不知怎么样了，是不是被做成了大衣里衬。还有一点，因为她父亲征兵检查不合格，没能入伍，所以平常一家人就夹着尾巴做人，迫于周围无形的压力和对权力的恐惧，不得不交出爱猫。[66]

---

① 美国阿拉斯加州阿留申群岛中最西端的一个岛屿，二战期间，该岛曾一度被日本占领。

第四章 猫的地位提升和苦难：动物保护和震灾、战争　　121

说起来，北海道开始征用猫，也不过是因为行政协议会上海军首席监督官的随口一言。征用猫并不是国家统一的命令，而是各地自作主张的结果。这一不争的事实，让人不禁怀疑是否真的有这么做的必要。

不合理的政策

当然，那时候的确缺乏皮毛等衣料。但是，原先屯驻于中国东北地区等寒冷地带的部队，很多随着战况的变化被派往南方，因此很难想象会有这么大的需求。真正需要皮毛的是航空部队。1942年日本的飞机生产量为8861架，1943年上升为16693架，1944年为28180架，因此飞行员用的防寒衣料确实有增产的需求。事实上，的确发现了使用狗皮的大衣和腋下附近使用猫毛的长袖外套（参见前述西田秀子的论文，但不能判断其所用皮毛是否出自普通人捐献、被征用的猫狗的皮毛）。但问题是，个人所有的二手皮毛并没有被征用。尽管政府要求人们捐献衣料配给票，但其目的不过是节约布料。爱国妇人会也试图开展捐衣运动，但这一想法几乎没能实现。

再者，物资不足的很大一部分原因在于政府的政策有误。也就是说，政府设定的价格过于低廉，导致皮毛不断流向黑市。兔皮也是如此，正如前文所说，因为粮食不足，人们大量杀兔取肉，但其远因也是公定价格过低。同时，负责养兔的农村妇女与儿童和国民学校的学生被派去进行义务劳动，也导致皮毛生产、流通量下降。[67]

此外，北海道的事例表明，计算皮毛的征用数量时，并没有将之和军需量严格对应。就猫而言，目标值被设定为道内养猫数（152955只）的一半左右，很不精确。[68] 战争结束时，札幌被服厂仓库中存有大量物资，8月15日那天，储备着防寒外套8607件、兔子的皮毛约175000张。[69] 算上其他地区的话，想必储备量非常惊人。

当时坊间传闻，那些被杀死的狗并没有被制成皮毛，而是不知被埋去了哪里。[70] 也有数人指证，警署后面狗皮堆积如山。[71] 曾在东京都内从事征用工作的某位已退职的男性警官承认，战争结束后立即销毁了很多狗皮；栃木县的一名男性也证实，在附近山里看到过大量狗的尸体。[72]

照理说，如果真的需要皮毛，国家本应采取合理的方法进行养殖。随意征用国民饲养的猫狗，有碍这些动物的再生产，资源总有一天会被耗尽。综合以上各种视角的分析，不得不说征用或迫使人们捐献猫狗的政策很不合理。种种不合理的政策都被强加在了猫、狗及它们的主人头上。

从国家的角度来说，迫使人们克服不合理的困难为战争出力，有利于统治。在艰苦的战时生活中，人们的不满情绪上升，监视和告发他人的现象横行。针对那些以粮食短缺为理由主张扑杀家犬的言论，为杂志《日本犬》撰文的作家石川忠义指出，饲主并没有因此获得特别的好处，他们节省自己的食物来养狗，就算杀了狗，配给额度也不会增加。他批评道："社会上的这些批评，可能源于战时生活日渐窘困，人们因此变得神经质，任性地企图按照自己的情感

第四章 猫的地位提升和苦难：动物保护和震灾、战争　123

来规范他人的生活，丧失了宽广的胸襟，变得多管闲事。"[73] 在这种紧张的氛围里，鼓励"捐献"或强行征用猫狗，既能使民众的"为国奉献"之心得到满足，又能让人们发泄不满，种种意图互相交织，最终导致不合理的政策被施行。

此外，对猫皮的利用并没有因为战争的落幕而结束，1946 年，北海道的猫皮生产量仍有 10827 张。[74] 不过原材料的获得是靠征用，还是靠别的手段就不得而知了。

战争中的猫

那么，在那些没实施征用政策的地区，猫就能安稳度日了吗？作家岛木健作在小说《黑猫》里写道："这两三年来，在家附近晃悠的猫狗变多了。无须多言，这是人类的粮食问题导致的结果之一。这些猫狗之中，有些生来就没有家，但很多到最近为止还有主人。它们的毛色暗淡，尤其那些曾经有过主人的更是不堪。（中略）它们试图在垃圾堆里觅食，但人类的家里早已没有垃圾堆了。"像刚才提到的福原麟太郎那样带着猫避难的人只是少数，多数人选择了遗弃猫狗。

《黑猫》这部小说讲的是一只黑猫晚上进屋偷食，岛木的母亲嫌它动静太大就把它杀了的故事。岛木本想要放过这只坦荡前来的猫，但在战时那暗淡苦闷的环境里，"很遗憾，不得不承认，偷食的猫和人类之间，已开始了容不下怜悯的生存竞争。不管它偷的是什么，人类再也不能像以前那样笑着原谅它。（中略）病中的我很中意这只帅气的流浪猫，但没法把这话说出口"，最终放弃了为它求情。这部作品的目的是讽刺当时像黑猫那样堂堂正正、自力更生的人被社会打压，卑微谄媚的小人充斥于世的世态，因此不知道那只黑猫是否真的存在。但可以认为，文中所描写的战争期间社会氛围的变化，以及人类对猫的态度的变化，都源自岛木的亲身体验。[75]

有关战争期间流浪猫增多的证据还有很多，比如同时代的记录写道："战争开始之后，食品从自由买卖变成了计划配给，猫族自然也受到影响。除非真的有必要，或是格外宠爱，否则人们不再养猫，导致流浪猫数量大增"，"以前偶尔能看到猎猫人，最近鲜有耳闻，（中略）或许有了更好的生意"。这位作者家附近的公设、私设市场里有大量食品店，所以老鼠很多，爱猫之人也多。因为不愁吃，很多流浪猫也聚集在那里。[76]

粮食不足和猫

即使在农村地区，被遗弃的猫似乎也在增加。政治评论家阿部真之助在战争期间避难到农村，据他说，村里以前需要对付野鼠，所以刚出生的猫崽不愁没人领养。但在战争期间，从某个时候开始，有人觉得把喂猫的粮食拿去黑市倒卖更有利可图，结果流浪猫就开始增多。阿部自己是从城里来避难的，寄人篱下，没有多余的食物导致营养不良，身体上出现了奇怪的肿块，但他认为："即便如此，和我们相比，那些流浪猫似乎更加饥饿。"[77]

至于那些有幸没被遗弃，继续被饲养的猫，也不得不吃那些在和平时期难以想象的食物。有这样的描述："战争期间，有些猫喜欢吃南瓜，有些猫只吃乌冬面和水团①等小麦制品，而这些也是人类的主食。"[78]

在这样的饮食条件下，一时间数量暴增的流浪猫，随后数量锐减。1938 年出生，生长于东京中野的诗人清水哲男在诗集《被诗踩到的猫》[79]中写到，幼年时代的自己从没在街上看见过猫。他推测，一定是因为那时候没东西吃，所以猫都被人吃光了。且不说究竟有多少吃猫的事例（这一点会在下一章中提到），由于食物短缺，在很多地区，猫的数量急剧下降。比如在名古屋也有这样的记录："在被战火烧尽的名古屋，人类也只能勉强果腹，难见猫狗的踪影。"[80] 这一现象在大城市尤为显著。

战火下的猫

还有不少猫直接被卷入战火。1945 年 1 月底，放学后回家的路上，一名少女在建筑物拆除后的空地上捡到一只黑白相间的猫。很可能是被迫拆迁的家庭丢下了它。由于食物短缺，同居的祖母起先不同意她收留这只猫，于是少女在储藏室里和猫一起绝食抗议，最终得到了允许。少女给它起名叫"阿玉"。3 月 10 日，东京大空袭那天清晨，少女被防空警报声吵醒，她发现"阿玉"在被窝里睡得正香，不忍心在这么冷的天里把猫带出去，况且警报往往很快就被

---

① 把面团切成小块，放在汤中煮熟食用，有些会加入馅料。

解除，心想大概不要紧吧，于是留下了猫，自己进了防空壕。然而这一天，很快爆炸声四起，她不得不在燃烧弹的袭击下四处逃命，最终和猫失散了。这名少女后来回忆说："那时候，如果我能毫不犹豫地抱着猫一起出去就好了……即便战争结束已有35年，我仍然为此感到后悔。"[81] 很多人的手记里记载着战争期间和猫一起躲进防空壕的回忆："把我家的猫麻子抱进去（防空壕）特别费劲，就算进去了它也会逃走。（中略）有一次，我试图抱着麻子从火中逃走，但根本控制不了它。那时候我家的房屋幸免于难，猫们和平常一样安睡在家里，让我非常惊讶。"[82] 就像这段回忆所说，即使带着猫进入防空壕，猫也有可能逃走，想来此类生离的情况也不在少数。

此外，当时住在筑地的女演员兼日本舞踊①家第三代市川翠扇回忆，3月10日东京大空袭那天，她在附近唯一没被烧毁的筑地小学里看到了这样的光景："所有能被叫作空地的空间里，从校舍的窗户边到屋顶再到教室，有数千只猫聚集在一起，几乎可以用'密密麻麻'这个词来形容。"她心想："化为焦土的筑地一带自不必说，莫不是连银座、入船町、明石町附近的猫也都逃离火海聚集到了这里？"

据说猫看到火就会往里面跳，实际上，确实有人亲眼看到自己的猫突然蹿入熊熊燃烧的家里。[83] 被空袭带来的火灾烧死，或因为吸

---

① 日本传统表演艺术，类似舞蹈和哑剧的融合。

入烟雾而死的猫数不胜数。筑地小学里的猫幸运地躲过了空袭，但它们之后的命运就不得而知。市川翠扇说："我认为大多数聚集在筑地小学里的猫，都在绝望的饥饿中死去。那时候，人类自己也忍饥挨饿，在目之所及之处都已化为灰烬的东京，徘徊于街头的猫们恐怕难以找到食物吧。"翠扇虽然在这所小学里看到了一只和她养过的猫很像的猫，但母亲告诉她"我们没有余力来照顾猫"，因此她也无能为力。[84]

战场、殖民地的猫

此外，有一些士兵把在部队驻地遇到的猫当作宠物一样疼爱。然而，很多情况下，随着部队的移动，他们不得不与猫分离。此外，因为没有足够的食物，也有一些部队在战场上捕获猫来食用。

很多生活在殖民地或占领地的人会把猫或其他动物当作宠物饲养。但在战败撤退的时候，大多数情况下，他们不得不将宠物留在当地。踏上故土之后，谁也不知道这些宠物今后的命运如何。有些猫可能会被当地人收养，得以存活，但更多的猫或许会在饥寒交迫中死去。

当然，也有把宠物带回日本的人。比如，一个战后成为指宿温泉某家酒店经理的人，战争期间曾在上海养了一只猫，这只猫被训练得很好，聪明到从外面回来的时候会拿门口的抹布擦自己的脚，还会把报纸叼给主人。因此撤退的时候，他不忍心丢下这只猫，在邻居们的协助下采取种种策略以将它带回日本，比如在检查行李时接力传递猫以躲过检查员的视线，在猫发出声音时故意弄哭婴儿来掩盖等，最终成功将猫带回国。这只猫回国后又活了两年，去世时大约 10 岁，在当时可算是比较长寿了。[85] 不过，这是罕见的事例。可以想象有很多人做过同样的尝试但最终被发现，不得不含泪与宠物分离。

就这样，战争在人类和猫之间，制造了无数的悲剧。

第五章
猫的战后复兴和经济高速增长：猫的"婴儿潮"

1　从偷偷"吃猫"到战后复兴

没有猫的废墟

　　1945 年（昭和 20 年）夏天，给人类和猫带来巨大灾难的战争结束了。战争期间猫的数量大幅减少，在战争结束后一段时间内也没能反弹。一位当时养猫的人回忆说："战争结束之后，我所在的镇上还有很多人依旧住在防空壕里，只要有空地，什么都能种，比如红薯、番茄、茄子和黄瓜等，那时候到处都很开阔。猫的数量也很少，我想我自己养的猫也很难找到女朋友。"[1]1946 年发表在儿童杂志上的一篇小说描写了一对父子从避难的乡下回到东京，在东京的亲戚家里看到一只猫时，觉得很震惊："咦，原来东京还有猫。"[2] 这说明当时的人普遍认为东京几乎没有猫了。

　　1948 年 2 月，东京发生了一起大豆粉中毒事件，为了追查原因，有关部门需要进行动物实验，却找不到能用于实验的猫，不得不在报上刊登广告，出价100日元收购猫。那个月[①]，大瓶啤酒的价格只有7日元，但就算拿出比这高近13倍的报酬，其最终也没买到猫。[3]如果还有很多流浪猫，应该会有人贪图钱财去抓它们。这是当时东京的猫数量很少的又一证据。

在粮食短缺的情况下

在很多人的记忆里，这个时期和战争期间很像："连人类也吃不上什么像样的东西，很多时候，阿虎（猫的名字）能吃上味噌汤拌饭已经算好了，糟糕的时候，只能啃用玉米粉做的面包。"[4]

从战争期间到战后不久，由于物资短缺，鞋子的生产受限，很多人无法修补磨损的鞋底，大家都"将就着穿鞋底漏水的鞋子"。[5]当时有这么一则逸闻，有人拿鱿鱼干来做鞋底，穿起来相当舒适，问题是闻到鱿鱼干气味的猫狗会一直跟着，造成新的困扰。[6]

不过，农村地区的粮食供应比城市充足，所以情况似乎没有城市那么糟糕。当时少年杂志上刊登的一篇小说讲述了这样一个故事：有人在东京捡到一只幼猫，但因为食物短缺，无奈只能在去乡下购物时，请农民代为收养。[7]图27名为《猫的世相》，发表在当时的工会刊物上，图中农家的猫吃着盛得满满的白米饭，体形肥胖，而东京的猫吃着红薯水团，瘦骨嶙峋。[8]与城市相比，农村地区粮食充足，

---

① 战后通货膨胀严重，物价每个月都会上涨。

图27 《猫的世相》(东武工会杂志《进路》,1947年6月特别号)

估计猫的数量也没有减少得那么多。政治学家石田雄某天去拜访同在丸山真男门下的一位友人,那人住在草加,是水田地带。石田自己忍饥挨饿,却发现朋友家养的猫正在吃米饭,大为震惊,不由得感慨:"真希望能成为这家的猫。"[9]

此外,由于粮食不足,为了尽可能多地获取配给的食物,一些人擅自在邻组出具的证明上加上已故者的名字或猫的名字。据1945年11月28日《朝日》的报道,仅东京都内,"幽灵人口"就多达4万人,"更有甚者,给猫取名为'木村玉子',以冒充人类"。[10]另外,因为食物短缺,有些地区最后才给养猫、养狗的家庭发放救济粮。据报道:"大阪东淀川区的一个配给中心认为那些养着鸡、狗或猫的家庭尚有余力，所以通知他们'最后才能领到配给食物'，搞得那些人非常恐慌。"[11]

吃猫的人

在战时到战后的粮食短缺时期，甚至有人以猫为食。前面提到这一时期猫的数量减少，这或许和有人吃猫肉有关系。

事实上，从江户时代开始，就有一部分人吃猫。当时许多文献记载了猫作为药物的功效。这可能和人们认为猫具有魔力和灵性有关。到了明治时代，把猫当作药材来食用的情况变少了，但猫仍作为普通的食材被食用。比如西南战争期间，被围困在熊本城里的官兵没东西吃，不得不吃猫。夏目漱石的《我是猫》里也有这样的场景，主人公的猫说书生是人类中最野蛮的，"会抓我们（猫）煮着吃"。昭和初期的随笔记载，"对贫民阶层或某些地区的人来说（吃猫）并不稀奇"，尤其在战前，京滨国道上有一些失业者捡拾猫尸来食用。此外在东北地区，有人在猫走的路上设陷阱抓野猫来食用。[12]

有些乡土料理也会以猫为原料。比如，岐阜县吉城郡船津町（现飞驒市）会"把猫肉切碎后拌在大米里一起煮"，另有"猫锅"料理，即将猫肉"和葱以及其他蔬菜一起煮着吃，口味非常清淡，味道和鸡肉相近"。[13] 猫肉火锅通常被叫作"你说锅"，这个名字来源于江户时代的民谣《是猫啦，是猫啦（猫之舞）》，开篇的歌词就是"你说是猫啦，是猫啦"。此外，冲绳有一道名为"猫汁"的猫肉汤料理，据说对胸膜炎、支气管炎、肺病、痔疮等有效，还有其他使用猫肉制作的药膳。[14] 一般认为，猫肉料理有滋补强身和壮阳的功效。

《生命的初夜》里吃猫的场景

作家北条民雄因麻风而住院，于 1937 年去世，年仅 23 岁。他基于亲身体验创作了小说《生命的初夜》，其中描写了和病友抓猫来吃的场面。猫肉只要用砂糖和酱油煮"就无比美味"，"和牛肉、马肉、猪肉不同，肉质松散，和兔肉相仿，非常好吃"，"和兔肉一样容易咀嚼，更重要的是脂肪很少，（中略）我们在席上说，这肉适合牙口不好的老人"。[15] 但是，说到肉质，其实是认为猫肉干柴的意见较多，比如："我还是学生的时候，同伴里有个粗暴的家伙打死了猫逼着我吃。做的是猫的寿喜锅。只记得煮的时候有很多泡沫，肉很不好咬。"[16] 猫肉又被叫作"冈鱁"①，一般被认为"肉质干柴，难以咬断，与河豚相似；但又美如水晶，乍一看也和河豚相仿，故得此名"。[17]

尽管北条民雄在小说里写"竟然有人因为觉得它恶心而不曾尝试如此美味的食物，实在是荒唐"，"今后应在社会中大力推广猫肉料理"，[18] 但事与愿违，战后，《生命的初夜》由四家出版社相继出版，可是无论哪个版本，都删除了与"猫肉料理"相关的内容。

另外，很多人不能接受吃猫肉，是因为他们觉得猫会化为人形

---

① 直译为"陆地河豚"。

骗人或作祟。"人们都说猫会变身为妖怪，又说它们怨念极深，所以没有人乐于吃它们。"[19] 因此，时不时会传出某某人吃了猫之后暴毙或遭遇不幸的谣言。

综上所述，在战前的日本，尽管有一部分人吃过猫，但猫肉并不是普通家庭日常使用的食材。人们吃猫，或是因为没其他东西吃，或是为了享用特定地区的乡土美食，或是将之当作壮阳剂，总之程度有限。

战争期间吃猫

然而，战争导致粮食不足，更多的人开始尝试吃猫肉。不过，多数场合，人们都偷偷地尝试。也就是说，商家在出售猫肉时会隐瞒这一事实，又或者，人们仅在私人场合食用，而不公开告知他人。因此，这种行为在史料中鲜有记载。

1941年（昭和16年）9月，长野县上田市某商家因销售假冒商品被捕。该商家把猫肉和狗肉加工成火腿和香肠，拿猫狗生肉冒充牛肉出售。他还和东京、神奈川的肉类贩卖商勾结，建立了覆盖一府七县的销售渠道，以低廉的价格销售这些肉，获得了巨大的利润。帝国饭店、第一酒店、精养轩、雅叙园、新格兰特、晚翠轩、新东京、不二家、银座宫、须田町食堂等一流酒店和餐馆都由该商家供货，由此可以推测有相当多的人食用过猫肉。[20] 类似的不法之举，恐怕在别的地方也出现过。

个人经营的餐馆也会偷偷使用猫肉和狗肉。比如有这样的事例，战争末期，有人听说某家停业的西餐馆在偷偷提供炸串，就和父亲去了这家西餐馆，以并不便宜的价格久违地大快朵颐。餐后，父亲想去上厕所却误入了厨房，结果发现垃圾桶里装着几十个看似猫颅骨的东西。[21]

1944年3月，随笔家佐藤垢石从避难地返回老家，因为没有配给的肉类食物，不得不捉蝗虫为食。这时候，一位旧友对他说，别吃这东西，还有更好的选择，建议他吃猫肉。尽管佐藤的妻子反对，认为"十代、二十代之后还会被作祟""令人恐惧"，但想到饿死了就什么都没了，最终他们决定一试。朋友拿来的生猫肉"和嫩鸡的肉相仿，看起来像河豚刺身"。起初，他们尝试做猫肉寿喜锅，在其中加入味噌，但猫肉尚留腥味，味道不怎么样；之后他们将猫肉"放进锅里用水煮，同时放入两根杉木做的筷子，用来去腥。待煮沸后，把猫肉放在漏勺里用冷水冲洗。在别的锅里用芋头茎、菠菜熬制少许清汤，把煮熟的猫肉加入其中，再次煮沸后盛到碗里，加入橙醋调味，就变得非常美味。汤的表面有一层细腻的油脂，肉质软嫩，有像鲫鱼肉一样的甜味。口味浓郁，与羊肉相近"。[22]

顺便一提，爱猫的作家丰岛与志雄曾询问写下这篇文章的佐藤，猫肉是不是真的那么好吃。听到佐藤回答"真的非常好吃，太美味了"后，丰岛表示"这真让人难过"，"您写了猫肉刺身很美味，我就会担心世间兴起吃猫的风潮，最终我们家的猫也可能被吃猫党抓走，成为他们的腹中餐"。[23]

战后吃猫

战后,这种吃猫的现象并未停止,反而变得更为普遍。很多人从战地和殖民地撤离回国,其中有不少士兵曾在战场上靠吃猫肉来果腹。此外,由于粮食严重不足,黑市变得猖獗,生意兴隆,在此背景之下,用猫肉、狗肉冒充其他肉类进行销售的行为横行。有报道称:"最近广岛市内某地区低价出售大量牛肉,主妇们觉得赚到了,个个眉开眼笑。但有位夫人把牛肉放入锅中炖煮并搅拌时,突然出现了一只猫耳朵。被吓破胆的她赶紧报警,回想起来,的确最近很少看见猫狗的踪影。"[24]

当时,很多因为战争失去住处的人,不得不在公园或车站等地露宿。但在大分县别府市,为了防止滞留在公园的这些人食用猫肉,有人看到一些猫主人用绳子把猫拴住,不让它们外出。[25] 另外,据报道,在长崎县,牛肉短缺似乎不成问题,只因当地流行吃猫,人们把猫称为"庭兔",沉醉于其美味之中。[26] 政治学家桥川文三也证实,在粮食短缺的战后,曾和朋友一起吃过猫肉、狗肉火锅。[27]

混有猫肉的谣言

在战后混乱期,黑市上流通的肉类包含各种来源不明的肉,因此人们普遍怀疑自己可能在不知不觉中食用了猫肉或狗肉。这种怀疑未能被彻底打消,以至于后来演变为种种传闻。

20 多年后,在石油危机期间,关于快餐店的汉堡包里有猫肉的谣言四起，人们纷纷打电话给东京都卫生局，甚至还有人致电快餐店的美国总部质问，引起一场轩然大波。[28] 这类虚假信息被广泛传播的背景之一在于当时不知道是谁在经营、谁在做菜的连锁餐厅迅速扩张，让人们感到不安。实际上，同一时期，世界各地都蔓延着类似的传闻。只不过，从全球范围来看，关于肉里面混入了蚯蚓的谣言较多（有一种说法是因为蚯蚓和肉丝相似）。然而在日本，人们却认为混入的是猫肉，可谓一大特色。大概是因为在日本人的深层意识里，在战后混乱期自己或许吃过猫肉的记忆过于真实，导致有关猫肉的传闻扩散。

洋猫的进口

如前文所述，当时有些猫成为盘中餐，但同时，也有很多宠物猫从国外来到日本。那就是占领军的家人带来的暹罗猫或波斯猫等"洋猫"。尽管暹罗和波斯都是亚洲的地名，但这些所谓的"纯种"猫经由欧美人养殖后被引入日本，因此被称为"洋猫"。

其实这些猫早在明治时代就已经进入日本，据说青木周藏[①]和桂太郎[②]等人也养过暹罗猫，进入昭和时代后，军人斋藤实、作家大佛次郎等都养过暹罗猫。另外，前一章提到的福原麟太郎带去避难的是波斯猫，作家谷崎润一郎和官僚白根松介、喜美子夫妇等人也从战前就开始养波斯猫。

---

① 青木周藏（1844~1914），外交官、政治家，曾任外务大臣，子爵。
② 桂太郎（1848~1913），陆军大将，第 11、13、15 届首相，公爵。

到了战后，原本只有一小部分人饲养的"洋猫"开始普及。当时在美国，养暹罗猫成为一股潮流，很多占领军家庭都饲养暹罗猫（后来，设有美军基地的座间还成立了美国的暹罗猫团体——美国暹罗猫俱乐部的日本支部）。就这样，暹罗猫通过占领军的熟人，以及熟人的熟人影响了日本人。后面会提到，1955 年，日本暹罗猫俱乐部成立，之后，到了 20 世纪 60 年代，很多此前日本没有的外国品种，如喜马拉雅猫、阿比西尼亚猫、美国短毛猫等被大量进口。

即便如此，直到 1955 年前后，东京的街头还是很难看到外国品种的猫。有人偶遇被牵着散步的暹罗猫，不由上前问主人："这是什么动物？是狗，还是貉？"[29]

猫的战后复兴

1948 年（昭和 23 年）11 月，配给的主食增加；次年 4 月，蔬菜恢复了自由买卖，食物短缺问题逐渐出现好转的迹象。同年 6 月，啤酒馆解禁，东京都内恢复营业的餐饮店也有所增加。在这种情况下，猫的数量迅速增加。比人类的"婴儿潮"[①] 稍晚一步，猫也迎来了"婴儿潮"。但和人类最大的区别有两点：其一，对猫而言这并不一定意味着幸福；其二，猫的"婴儿潮"到经济高速增长时期后仍在持续。

在粮食供应相对充足的北海道，早在 1948 年前后就有人给报

---

① 日本战后的第一波"婴儿潮"出现在 1947~1949 年。

纸投稿:"最近走在街上,不知道为什么总能看到被遗弃的猫。"这位作者还说:"至少应该把它们丢到不容易被人发现的地方,或者干脆一出生就把它们溺死如何?好歹要有点动物保护意识。"[30]现代人会觉得这算哪门子的动物保护,但当时这么想的人不在少数。

1950 年 7 月,东京的报纸上也出现了类似的投稿:"听说最近到处都有被遗弃的猫狗。(中略)到处可见小动物被活活饿死的残酷场面,一想到孩子们会看到这样的情形,就觉得可怕。"[31]

此外,虽然这算不上遗弃,但很多幼猫刚出生就被杀死。比如,以爱猫著称的木村庄八在日记《以笔帖》中写道:"(1949 年 4 月 20 日)最近家里的猫相继生育,生下了 4 只公猫和 4 只母猫。先处理了(杀死了)其中 5 只,还剩下 3 只。到今天为止,那 3 只都被来偷食的'战犯'猫给吃了。今天,经过激烈的搏斗,我终于杀死了这只'战犯'猫。"[32] 此外,幼猫被野狗咬死的情况也非常普遍。

从这些有关猫被遗弃的投稿可以推测,20 世纪 50 年代猫的数量急剧增加,似乎已经超过了战前的水准。但这也意味着更多的猫在幼时丧命,更多的猫被人类杀害。

水俣病和猫

经济复兴使人们的生活变得富裕,但同时破坏了国内的自然环境并造成污染,猫也因此成为受害者。水俣病是战后典型的公害病,最初，它被称为"猫跳舞病"，这是因为最早的受害者就是猫。猫的异常行为和异常死亡始于 20 世纪 50 年代初期，一位女性（后来她女儿也患上了该病）去海边捡海螺和牡蛎的时候，看到岩石背后有好几只猫的尸体，起先还以为"是谁给猫喂了'猫下岗'"。[33] 第三章提到过猫经常被杀鼠剂毒死，所以她才会这么想。

水俣病被官方承认之前，从 1953 年（昭和 28 年）到 1956 年，水俣湾周边的 9 个村落（共 108 户人家）共饲养了 121 只猫，其中 74 只死亡。尤其是在出现病例的 40 个家庭里，61 只猫中 50 只死亡，死亡率相当高。[34] 水俣市月浦茂道等地，猫已彻底灭绝。[35]

导致这一公害病的是工业废水，而这一结论能被科学家证实，靠的是以猫为对象的动物实验。为了确定污染源，熊本大学医学部和新日本氮肥公司（现在的智索）水俣工厂附属医院等多家机构进行了动物实验，其中由水俣工厂附属医院院长细川一等人展开的"猫 400 号"实验广为人知。截至 1959 年 7 月前后，细川他们对大约 300 只猫进行了实验，结论是化工厂的废水十分可疑。当时，熊本大学率先宣布，通过猫实验发现这种疾病源于有机汞，随后，细川他们开始用废水喂猫。实验中使用的是猫 398 号和猫 400 号，细川每天分别给它们喂下 20 毫升生产氯乙烯和乙醛时产生的废水。猫 398 号到了 11 月 3 日全身虚弱，次日被杀死；而猫 400 号于 10 月 6 日出现了水俣病症状（24 日被解剖）。此后，细川又对 9 只猫进行了同样的实验，除了 2 只全身虚弱外，其余 7 只都出现了相应的症状，从而证明了的确是工厂废水致病。细川于 1962 年 3 月离开了水

图28 被用于水俣病实验的猫曾经住过的牢笼（作者摄于水俣病中心相思社）

图29 水俣的猫的墓碑和被用于实验的猫的牌位（作者摄于水俣病中心相思社）。墓地是后来才建的，因此患水俣病去世的猫并没有被埋葬在这里。牌位原先在新日本氮肥公司水俣工厂附属医院里

俣工厂附属医院，1970年他作为证人出现在审理水俣病诉讼的法庭上，主要就猫400号实验作证。[36]

后来，20世纪60年代中期，新潟市阿贺野川流域再次出现水俣病。其实那里的猫也早在10多年前就出现了典型的水俣病症状，并发狂而死。在随后为了确定原因进行的调查中，同样有大量的猫被用于实验，最终被杀。

2 猫文化的勃兴和猫的社会问题化

日本猫会、日本猫爱好会的成立

在水俣病开始导致猫死亡的20世纪50年代中期，在东京，爱猫人士的团体相继出现，其嚆矢是1954年（昭和29年）7月7日由前田美千彦等人创立的"日本猫会"。该会从1957年开始出版发行会刊《猫》（后改名为Neko）。后来，因为创始人前田美千彦和负责编辑会刊的诗人兼画家佐藤（佐伯）义郎发生冲突，该会于1963年分裂，前者保有会名，后者则继承了会员名单。后者请金泽大学教授金崎肇出任会长，以"日本猫爱好会"的名义继续活动，并出版发行会刊《猫之会》（后来改名为《猫》）。

此后虽然两会并存，但大部分会员都加入了日本猫爱好会，会刊编辑的核心人物也在其中，因此，"与其说是分裂，不如说是Q（前田）带着少数人离开"，[37]日本猫爱好会继承了日本猫会的主要活动。再加上金崎和佐藤之前就参与会刊的编辑工作，因此会刊也延续了之前的形式。相反，日本猫会在分裂后，会刊变得非常简陋，活动也逐渐变得不起眼了。

日本猫爱好会一直在稳步发展，到 1998 年（平成 10 年）解散为止，35 年内共发行了 334 期会刊《猫》，并出版了日本第一套猫的系列书"猫文库"（图 30），共 44 册。1965 年 4 月，"猫文库"的首册作品《猫写真集》问世，尽管收录的都是会员们拍摄的业余照片，但也算是日本最早的猫摄影集。由金崎肇编写的《猫的百科事典》于同年 5 月出版，是日本最早的猫百科全书。这些书都由该会自费出版，和后来的同类书籍相比显得朴素，但当时以猫为主题的书籍非常少，比如有狗和鸟的饲养指南，却没有猫的，因此会刊和"猫文库"系列成为重要的信息来源。最开始的时候，各地还频繁地举办会员聚会。可以说，该会在日本猫文化史上发挥了非常重要的作用。

洋猫团体的诞生

日本猫会成立后，第二年也就是 1955 年（昭和 30 年）的 3 月 27 日，日本暹罗猫俱乐部诞生（一说成立于 1954 年，但这个说法有误）。这是战后第二个全国性的猫团体。据参与创办该团体的山本千枝子（电影导演山本嘉次郎的妻子）回忆，发端可追溯到 1953 年 1 月。当时山本前往缅甸参加亚洲社会党大会，她深切地感受到战争的创伤仍然深刻，亚洲各国对日本依旧怀有恨意，加强国际交流迫在眉睫。其中，为了促进和泰国的交流，她想到可以将暹罗猫作为

144　猫走过的近现代：从妖怪到家人

图 30　日本猫爱好会的会刊和"猫文库"系列作品

媒介。她找泰国驻日大使馆情报部部长普拉蓬·伯蒂帕克商议并获得了赞同。于是，普拉蓬邀请报社记者举办了新闻发布会，宣布设立该俱乐部。[38]

随后，1956 年 5 月，日本暹罗猫俱乐部在日本桥的三越百货店

第五章　猫的战后复兴和经济高速增长：猫的"婴儿潮"　　145

屋顶花园举办了第一届暹罗猫展。三笠宫崇仁亲王[①]和泰国驻日大使等人的出席让展会备受瞩目，为战后的猫展拉开了帷幕。[39] 该俱乐部率先开始在日本发放猫血统证书，并从事暹罗猫的繁育和买卖业务，1957年开始出版发行会刊 *CAT*。但是到了1961年，负责运营工作的事务局局长、漫画家堤寒三等人和创设时起了核心作用的副会长山本嘉次郎、千枝子夫妇，曾担任过宫内次官的白根松介、喜美子夫妇之间，就运营方针产生了分歧。最终双方决裂，堤这边沿用日本暹罗猫俱乐部的名字，山本他们则另设"日本猫协会"（Japan Cat Association, JCA），并带走了大部分会员。

内讧起因于血统证书的发放速度缓慢，导致有人投诉。再究其原因，则是堤一个人包揽了从会刊编辑到刊登广告的所有工作。双方情感上的对立由此逐渐扩大。但同时，还存在着别的背景，即山本等干部主张积极参与外交活动，而堤这边主张更贴近市民生活。[40] 堤等人后来成立了"日本猫舍俱乐部"（Japan Cattery Club, JCC），请防卫厅长官兼众议院议员藤枝泉介出任会长一职。[41] 此后，JCC与JCA互为竞争对手，各自举办猫展并发放猫的血统证书。

另外，1962年，日本弃猫防止会从日本猫会中独立出来。在这个过程中起了主导作用的是佐藤惠美子、富尾木恭子、清水纯子等人。她们看到被遗弃的猫日益增多，呼吁日本猫会有所作为，但该会表示没有这个能力，于是她们就自主成立了日本弃猫防止会。[42] 早

---

① 三笠宫崇仁亲王（1915~2016），昭和天皇之弟。

在1948年，日本动物爱护协会就已经成立，到了1956年，日本动物福利协会从日本动物爱护协会中独立出来。不过，日本弃猫防止会是战后第一个以"猫"冠名的动物保护组织。

不准捕鼠

战后，与猫有关的团体层出不穷，可见开始养猫的人越来越多。特别是在城市里，从那时候开始，越来越多的人养猫不再是为了让它们捉老鼠，而是将猫纯粹地当作宠物。1957年（昭和32年），内田百闲的《诺拉呀》①首次出版，其中描写了诺拉从外面叼着老鼠回家，引起轰动的场面。内田的妻子一边擦拭着诺拉的嘴，一边对它说："诺拉呀，你是个好孩子，不要去抓什么老鼠啦。"[43] 从前，捉老鼠才是猫的本分，捉不到老鼠的猫甚至会被遗弃，由此可见，时代发生了巨大的变化。

就这样，猫逐渐转变为纯粹的"宠物"，但成为宠物是否意味着能被主人珍视，这还真说不准。某位爱猫人士的看法如下：

> 讨厌动物的人依然很多，何况猫不够主动，和狗相比，容易被冷落。尤其当猫不再是捕鼠工具后，其不像其他家畜那样能给人类带来看得见的利益，或直接为人类效力。反言之，正因为如此，猫

---

① 内田百闲（1889~1971），随笔家，小说家，夏目漱石的弟子。随笔集《诺拉呀》叙述了出没于内田家的流浪猫"诺拉"（与日文的"流浪"发音相同）和"库鲁茨"的经历。

才是最像宠物的宠物，只不过这个特性过于纯粹，有时候难以被理解。更不幸的是，因为猫很容易搞到，所以任何人都能轻易成为它们的主人，（中略）或是受朋友所托不好拒绝，或是把在路边叫唤的野猫带回家，养猫不像求购那些纯血种的高价动物，需要经过慎重考虑，多半是心血来潮，没有明确的动机。（中略）起先还觉得它们可爱，很是溺爱，可它们不会永远不长大，一年后就会发情，擅自交配并生下幼崽。到这时候，主人就会心生厌倦，搞不好把母子一并遗弃。[44]

实际上，正如后文所述，此后流浪猫的数量急剧增加，造成了社会问题。另外，当养猫的目的不再是驱鼠，很多人在选择猫的时候就会以外貌为基准，因此相比成年猫，幼崽的价格更高。

1961年金泽市的养猫调查

关于经济高速增长时期的养猫情况，目前没有发现全国性的统计资料，但有人以金泽市的各类企事业单位为对象展开过调查，以下是1458份问卷的统计结果。[45] 从饲养动物的种类来看，养鸟的人最多，为300人（占总数的20.6%），而养猫的人数（142人，9.7%）和养狗的人数（145人，9.9%）并没有太大区别。自认为过着"上层"生活的147人中，18人养猫（12.2%），23人养狗（15.6%）；回答"中层"的527人里则有43人养猫（8.2%），59人养狗（11.2%）；自认为属于"下层"的774人之中，养猫的为71

人（9.2%），养狗的为63人（8.1%）。可见，阶层越往上，养狗的比例就越高。就养猫的情况来看，同样是上层社会的比例最高，但阶层越往下，养猫和养狗人数的比例越接近，在下层社会，反而是养猫的人居多。

从这些数据可以看出，手头宽裕的家庭更倾向于饲养宠物，上层家庭偏好于养狗，下层人家则多养猫，但两者之间的差距并不明显。这一结果可能与开展调查的金崎肇本人爱猫有关。他的交友关系很有可能影响了问卷的发放，导致更多的猫主人成为调查对象。

1957年7月，一项以东京都974户人家为对象的调查显示，养猫的家庭有216户（22.2%），养狗的则是246户（25.3%）。[46] 和金泽相比，东京饲养猫和狗的比例要高出很多。的确，在经济高速增长的初期，东京的养猫比例高于地方是不争的事实。这是因为为了抓老鼠而养猫的人变少了，同时以养蚕等为副业的农家也在减少。此外，还需要考虑到城市里集体住宅尚未普及，交通量也刚开始增加等背景。但即便如此，东京22.2%的家庭养猫这一结果比后来的调查结果要高出很多，说明调查样本很可能有偏倚。

成为"公害"的猫

值得注意的是，金泽的调查显示，养鸟的比例是养猫和狗的将近两倍，而在东京的调查中，饲养金鱼的人数占据榜首。在日本，从战前到经济高速增长时期之后的某个阶段为止，讨厌猫的人都要比喜欢猫的人多，其中一个原因就是猫会袭击这些小鸟和金鱼（另外,战前养鸡的人家较多,而猫偷袭邻家的鸡这种事也屡见不鲜)。

除了这些自古以来就有的偷窃和恶作剧外,进入经济高速增长时期后,越来越多的人开始抱怨猫在发情期的叫声和它们的"不卫生"。《要对"动物公害"采取法律措施》[47]《"自由放养公害"叫人忍无可忍》[48]等报道出现,从这些报道的标题可以看出,本是公害病受害者的猫,却被当成"公害"的来源,引发了社会问题。

> 最近的投稿栏里,有很多人提到所谓的"猫害",甚至有人认真讨论具体的对策。(中略)人们就像痛恨安中的镉污染、田子浦港的淤泥污染那样痛恨猫,动辄就抱怨猫的叫春声太吵导致不能好好准备升学考试,或是猫差点就把婴儿压得窒息。光读那些投稿的内容,会觉得确实有点道理,但如果仔细考虑,猫也不是最近才会在谈恋爱的时候发出那么大的叫声,且它们向来喜欢躺在被子上这些温暖的地方(哪怕那是婴儿的脸)。[49]

当时普遍的养猫方法是放养,即允许它们自由出入家中。而且传统的日式住宅是开放式的,容易进出,尤其当时空调尚未普及,由此主人在夏天为了通风往往会把移门和隔断都打开。因此,无论是宠物猫还是流浪猫,都经常会闯入邻家。从那时起将近30多年,猫带来的"烦扰"都是报纸投稿栏中的热门话题。

"烦扰"的背景

战前,猫就会擅自闯入别人家里,或有偷窃行为,但为什么到了战后,猫就被视作"公害",被视作社会问题,被批评为"烦扰"呢?当然,猫的数量急剧增加是一个重要的原因,但我们还应考虑社会学的背景。

据民俗学家岩本通弥的研究,人们像今天这样使用"烦扰"[①]这个词,始于第一次世界大战之后。随着工薪阶层(上班族)的增加,城市向郊区扩展,通勤圈扩大,人们的社交范围扩大到传统社区之外。作为陌生人之间的社交规则,人们被要求遵守公共道德,违规之举就会被视作"烦扰"。[50]

战后,不但通勤圈继续扩大,同一居住地的居民中,很多也变得互不相识。在传统社区里,不管有没有猫,邻居之间都彼此相熟,有着一定的往来。但随着城市规模的全面扩大和外来人口涌入导致的人口过度集中化,社区内的人际关系变得更为复杂。生活圈里不但有保持着日常交流的邻居,还有从别处突然搬来的陌生人,居民之间无法沟通的情况越来越多。原本可以通过当事人之间的对话解决的矛盾,因为当事人没有往来,无法直接沟通,结果只能向报社投稿,或向行政部门投诉以发泄不满。

这个时期不光是猫,有关邻里纷争的投稿也剧增,正是反映出

[①] 日语原词为「迷惑」,原先和中文一样,意为摸不清状况,后来出现了给人添麻烦、困扰他人的意思。

这一社会状况。1962 年（昭和 37 年），《读卖》报道，最近和"邻里纷争"相关的投稿急剧增加，其中噪声问题最为突出，其次是猫和狗带来的麻烦，抱怨猫主要是因为它偷食，抱怨狗则是因为它被放养。[51]

当然，在战前也发生过和猫有关的冲突，有时报纸也会报道。但大多数问题都靠当事人的对话来解决，能上报的通常是，当事人之间的谈判升级为暴力行为，或发展到虐待猫之类的极端情况，几乎没有人会向报纸抱怨或向政府投诉由动物引发的"烦扰"。另外，尤其在明治时代，动物的地位较低，行窃的猫往往直接被殴打或杀害。但到了大正、昭和时代，人们的动物保护意识逐步增强，原则上虐猫被视为恶行，在主人或邻居的眼皮底下拿猫出气的人变少了（但在别人看不见的地方，虐猫行为反而增多）。像这样，不能亲自"惩罚"猫，也是人们改为向行政部门投诉或向报纸诉苦的原因。对猫的抱怨增多，反映的正是人类社会的变化。

猫狗之间的官司

接下来要介绍的这场发生在 1958 年（昭和 33 年）5 月的官司，很好地反映了人们在宠物问题上沟通方式的变化，同时在猫史上具有重大意义。起因是一只牧羊犬在散步时咬死了一只三花猫，猫主人提起诉讼，要求金钱赔偿。猫主人是东京大学毕业的公务员，而狗主人是一名妇产科医生。事故发生时，负责遛狗的饲养员声称是狗擅自所为，非但没有向猫主人表现出歉意，甚至也没有知会狗主人。忍无可忍的猫主人最初以毁坏财物罪向当地警察报案，但检察机关决定不起诉，于是改为民事诉讼。庭审开始后，诸如"我家的猫被杀的时候才补偿了100日元，请一定要赢下这场官司""为了一只猫争成这样，真是丢人"之类的意见纷纷涌现，让这场官司备受关注。[52]

因为被咬死的不是进口猫而是普通的三花猫，从财产的角度来说"一文不值"，因此精神损失费成了争论的焦点。最终，法官表示，"正如'爱猫'这个词所说，一般而言，宠物猫和主人之间有着深厚的感情关系，加害它之动物的所有人有义务向猫主人赔偿精神损失"，[53] 并判决狗主人向受害者夫妇支付1万日元的精神损失费和600日元的埋葬费。猫主人胜诉。

这一判决在日本首次承认了猫有可能与人类产生"感情"，所以猫主人可以要求杀害猫的人赔偿精神损失。在爱猫人士看来，这对提升猫的社会地位有着划时代的意义。但和针对猫的牢骚相似，这一事件的背后，也有着邻里之间沟通不畅的问题。正如《读卖》所说："只要道个歉，说不定事情也就过去了。"但加害方对猫主人没有表现出一点歉意，受害人这边也没有直接联系狗主人。让人惊讶的是，狗主人直到被起诉才知道此事。同在一个社区里，双方却毫无交流，"本来好好谈谈就能解决的问题，硬是搞得这么麻烦"。[54]

城市过度拥挤，导致这样的缺乏沟通、"没打过照面"的邻居增多。越来越多的人认为，别人养的猫侵入家中是一种"烦扰"，而有

第五章 猫的战后复兴和经济高速增长：猫的"婴儿潮"

些猫主人也缺乏共情能力，不能体会为猫所苦的人的感受。猫带来的麻烦，在战后发展为社会问题，正是基于这样的社会背景。

设立"猫权日"

为了纪念上述赔偿精神损失费的法院判决，日本猫会决定将判决下达的 2 月 1 日设为"猫权日"，在这一天开展活动以提升猫的权益。判决后的第二年，1962 年 2 月 1 日，第一次"猫权日"集会在东京新宿的东电服务中心举行，共有 17 名爱猫人士参加。在动物学家高岛春雄进行演讲后，他们通过决议，呼吁反对拍摄猫妖、猫怪的电影，设立猫的医疗保险制度等（后有详述）。之后数年，每逢"猫权日"，他们都策划了活动。

除了"猫权日"外，日本猫会从 1961 年开始把 7 月 7 日定为"猫日"，又称"喵喵日"，每年举办集会。这一天不但是该会的创会纪念日，而且数字 7 在日文里和"喵"谐音，再加上正逢七夕，所以也包含全国各地的会员每年都在这天相聚的意味。可惜之后，随着该会的分裂，"猫日"逐渐被遗忘。新成立的日本猫爱好会把每月 5 日定为"猫日"，又把 5 月 5 日定为"年度猫日"，目的是"请在这天想起那些已经不在的爱猫，关爱还在眼前活蹦乱跳的他 / 她们，5 月 5 日是儿童节，希望大家把猫当作还在成长期的孩子们"。[55] 但是，这一活动也没能持续太久。

为什么这些"猫日"活动没能持续下去呢？原因之一在于，即便到了战后，爱猫的人在社会中仍是少数派。1961 年，作家谷崎润一郎写道：

> 男人也好，女人也罢，世间喜欢狗的人似乎比喜欢猫的人更多。当然，也有像已故的泉镜花①老师那样极端讨厌狗的人，但一般来说，更多人"讨厌猫"，或"讨厌阴险的'猫'"。志贺直哉②先生也明显是犬派，曾经明言"不喜欢猫"。作为家庭雇工的女仆稍有大意，猫就会抢走鱼或吃掉生鱼片，因此女仆普遍讨厌猫。

讨厌猫的人太多，以至于谷崎在雇女仆的时候，都要反复确认"我家有猫也有狗，你真的不会讨厌猫吧"，以确保录用喜欢动物的女仆。[56]

前面提到，当时和狗相比，与猫相关的书籍非常少，这也是因为喜欢猫的人属于少数群体。既然社会上没什么人对猫有好感，小圈子里设定的"猫日"自然没法对社会产生影响。更何况对爱猫人士而言，每天都在与猫互动，没必要特意挑一天来庆祝。各团体能通过会刊进行交流，各地也时常举办集会，就算在圈子里，也不需要什么特别的日子。因此，上述"猫日"在不知不觉之中就被淡忘了。

顺带一提，现行的 2 月 22 日"猫节"始于 1987 年，在由成城

---

① 泉镜花（1873~1939），小说家。
② 志贺直哉（1883~1971），小说家。

第五章　猫的战后复兴和经济高速增长：猫的"婴儿潮"

大学助理教授柳濑尚纪等人组成的"猫节制定委员会"举办了"第一届猫节"之后，成为每年的惯例。后面会讲到，当时"猫热潮"已经开始，因此媒体争相报道，该活动被社会广泛了解。但在经济高速增长时期，接纳"猫日"的社会基础尚未形成。

允许安乐死的动物保护运动

前文提到的"第一次'猫权日'集会"通过了 7 项呼吁事项，分别是"防止遗弃猫"、"反对制作、上映猫妖、猫怪电影"、"实施医疗保险制度"、"取消国铁车厢内 100 公里以上的禁带限制"（当时，乘车区间超过 100 公里就不能携带猫）、"鼓励绝育手术"、"实施猫的登记制度"和"保健所等设施里的处置"（指安乐死）。[57] 其中最令人惊讶的当数安乐死也是"猫权"之一的主张吧。其实在当时，安乐死已经广为采用。随着流浪猫的增多，在市民的要求之下，1958 年，以静冈县富士宫市为首，行政部门开始对猫进行人道处分（投喂毒药）。[58] 另外为迎接翌年的东京奥运会，1963 年，东龙太郎知事下达了街头不能有流浪猫的死命令，东京都开始收留、处置流浪猫。[59]

此外，其实早有动物保护组织开始实施安乐死。比如 1951 年开设的动物爱护协会附属医院就提供安乐死注射服务。根据 1963 年的一篇报道，协会平均每天接收二三十只猫，其中有 2/3 是注射死亡。[60] 到了 1969 年，该医院每年实施安乐死的猫超过了 4000 只。[61] 除此之外，动物爱护协会的各县支部和其他动物保护组织也都提供安乐死服务，或帮忙联系兽医来处置动物。

当时，即便是西方的动物保护组织，通常也会让没有人领养的猫狗安乐死。人们认为，与其让它们活在难以忍受的痛苦之中，不如让它们轻松离世。考虑到现实情况，街上有无数被人虐待、被野狗攻击、找不到食物活活饿死的流浪猫，而动物保护组织缺乏有力的社会支持，资金也有限，不可能把它们全数收留。

轻视猫的生命

动物爱护协会曾强烈呼吁通过实施绝育手术避免上述悲剧发生。但与此同时，仍然有许多饲主轻视猫的生命。动物爱护协会在接收猫时会向饲主解释安乐死的情况，但听完之后只有10%的人选择撤回请求。[62] 另外，有很多人会擅自处置自家猫生的小猫："有些非常爱猫的人，看到母猫在哺乳期间变得虚弱，觉得心疼，就完全不顾母猫的感受，把好不容易生下来的幼崽草草处置了事。在这些人看来，还没睁开眼睛的小猫算不上一条生命，所以可以肆无忌惮地把它们丢进河里溺死。"[63] 根据一位居住在京都的爱猫人士留下的记录，从1951年（昭和26年）到1958年，除了7只生下来就夭折外，他们家出生的36只小猫之中，有20只被"水葬"。[64]

另外，在前文提到的第一次"猫权日"集会上，因为住在兵库所以无法参会的一位会员通过书信提出了自己对"猫权"的看法。"有些地方的猎猫人很猖獗，一转眼就把别人家养的猫给偷走了，这种行为需要被制止","如果人类在生活中真的需要猫皮,不应该偷他人的猫,而应该通过发展'猫养殖业'来满足需求"。[65] 换言之,他主张使用养殖猫而不是宠物猫。此人是位狂热的爱猫人士,后来成为日本猫爱好会的核心会员,在自己家里建有猫专用的小屋,还定期发行题为《猫通信》的出版物。但他所谓的"猫权",实际上不过是人类的财产权。这样的主张出现在"猫权日"集会上,由此可见当时的人对猫的态度。

为进行动物实验而抓猫

战争期间,猎猫人的踪影消失了,但随着战后猫数量的增加,他们又卷土重来。到了战后,除了三味线外,为大学医院或制药公司提供动物实验用猫的人增多。1964 年(昭和 39 年)前后,实验用猫的收购价约为每只 300 日元。当时大瓶啤酒的价格大概是每瓶 120 日元,猫价是它的 2.5 倍。

很多外行人靠猎猫来赚外快。比如 1962 年,横滨市内的猫接连失踪。一位受害的主人去市内某大学医院打针时,在一间挂着"研究室"牌子的房间门口听到了熟悉的猫叫声。他赶紧打开门,发现心爱的猫被抓到了那里。接到主人的报警后,警方展开了调查,结果发现是 6 名初中生和 2 名 15 岁的工人用鲣鱼片将猫诱捕后卖给医院。这些少年后来被警方教育了一番。[66]

还有一位养猫人听侄女说,在东京大学附属医院看到了"求购猫"的广告,"不禁毛骨悚然"。"为了人类的进步,不得不用动物来做实验，这点可以理解。但我觉得，既然如此，就应该专门饲养实验用的动物。（中略）流浪猫不易被捕获，但家养的猫容易上钩。"[67] 这个意见，还是建立在宠物猫不行但流浪猫或养殖猫就没问题的逻辑之上。

关西的猎猫人进京

为了制作三味线，战后，关西地区的猎猫人时常前往关东。比如1965年（昭和40年）1月，听说来自大阪的猎猫人进京，动物保护组织和普通的爱猫人士纷纷向警察抗议，引起轩然大波。[68] 1月22日下午，大阪的猎猫人和动物保护组织的代表在警视厅举行谈判，最终，猎猫人认为没必要强行与人为敌，便撤回关西。[69]

但到了1971年（昭和46年），又有十几个猎猫团体从关西进京，引起了社会问题。7月，下谷警察署向他们了解情况，他们说除了做三味线外，学校教学和科学实验也需要大量的猫，但关西的猫已几近捉尽，所以他们不得不来关东。[70] 随后，各地都有宠物猫大量失踪，为此动物保护组织和爱猫人士加强了监控。结果到了10月28日，东京月岛警察署的辖区内首次有人被捕。此人在自制的捕猫器里放入木天蓼的粉末，诱捕附近的家猫时被人打110举报。据报道，他已经在浅草、涉谷等处抓了约40只猫，但他说，"我不过是个业余的，一共才抓了大概40只。比我专业的人，抓的要多得多。要是没有我们，就没法生产三味线了"，并没有任何罪恶感。他杀了猫之后，用每只400日元的价格委托大阪的手艺人鞣制猫皮，再将之卖给皮革商，皮革商的收购价为雄猫每只 3000 日元，雌猫每只 1500 日元。[71] 上好的猫皮甚至能卖到 5000~6000 日元的高价。[72] 哪怕被逮捕，猎猫也是轻罪，他很快就能重获自由并重操旧业。1972 年 5 月，此人已是第 5 次被捕。另外，据报道，关西的暴力团体也有组织地参与其中。[73]

猎猫很难被检举

　　猎猫人的活动从 20 世纪 50 年代开始就已经很猖獗，但很少有人被捕。在东京，直到上述 1971 年的案例为止，似乎不存在逮捕为了做三味线而猎猫者的案例。但在地方上，1964 年，九州有几起案例。一起发生在长崎，一位抓了大量家猫的男子被捕；另外，在鹿儿岛市和指宿市，大规模的猎猫团伙被逮捕。鹿儿岛的团伙每天把数十只猫带去屠宰场剥皮，在指宿猎猫团伙则是把数十只猫装上卡车卖去大阪。这些团伙都是因为涉案数极大，才被逮捕。[74]

　　可是在战前，猎猫人被捕的案例时有发生。那么，战前和战后究竟有什么变化？其实，警方从明治初期就开始取缔猎猫人，依照的法令如下。早在 1871 年（明治四年），太政官就向京都府发函指示，将猫狗剥皮贩卖之人、偷猎家猫之人，应按盗窃罪处罚。[75]1872 年 11 月，东京开始施行《违式注违条例》①（1873 年以后各府县也相继制定并实施类似法令），其中第 36 条规定禁止在街头丢弃动物的

---

① 类似违规违纪处罚条例，主要用于维护日常生活秩序，比如禁止文身、禁止光着膀子、禁止随地大小便等。各地会根据风俗民情自行设定一些条款。

160　猫走过的近现代：从妖怪到家人

尸体或污物。[76]1874年1月，该条例追加了第63条，禁止在特定场所之外给牛马及其他动物剥皮。[77]1882年开始施行的刑法，把禁止随意遗弃动物尸体的规定纳入违警罪①之中。[78]到了1908年，政府另行出台了《警察犯处罚令》②，其中第3条是针对"随意丢弃或没有及时清理禽兽的尸体及污物之人""公然虐待牛马及其他动物之人"的处罚规定。[79]因此，战前那些被检举的人大多是因为违反了这些法律。

然而到了战后，1948年《轻犯罪法》取代了《警察犯处罚令》。由于战前刑法中的违警罪和《警察犯处罚令》导致警察滥用权力，出于反省，国家将《轻犯罪法》的规定变得更加具体、明确。比如，虐待动物的行为被具体地定义为"殴打牛马及其他动物，强迫其劳动，不给予其必要的饮食"；而遗弃尸体的相关条款的适用对象为"擅自丢弃垃圾、鸟兽尸体和其他污物、废物，违反公共利益者"，"违反公共利益"成为必要条件。[80]结果，法律本身确实有了进步，但猎猫剥皮的行为和这些规定并不抵触，处罚这些人就变得非常困难。况且，因为杂种猫的市场价值几乎为零，盗窃罪也很难成立。而且猫一旦被杀害后加工成了皮毛，这就很难确定其主人是谁。

关于猫的舆情

针对这种情况，在受害者最为集中的台东区，爱猫人士于1971

---

① 轻微犯罪的总称，无须正式起诉，由警察署长处以罚金即可。
② 同年，刑法被新刑法（沿用至今）所取代，新刑法废除了违警罪，因此为了取缔这类行为，国家以内务省令的形式发布了《警察犯处罚令》。

年10月成立了"猎猫受害者协会"。针对猫被杀害、猎猫人却逍遥法外的现状，他们向当局陈情，要求加大对猎猫人的打击力度。[81]该协会甫一成立，就引起强烈反响，两个月内就收到了200多封信件，电话也一直响个不停。问题是，在这些来信、来电之中，不光有关于猎猫问题的抗议或咨询，还有人请求该协会接手无力饲养的猫，抱怨自家的小鸟或鲤鱼被猫给抓了，甚至有养鸟的人打电话来说"举双手赞成"有人猎猫。另外，他们原先以为受害地区以下町为中心，但根据受害人提供的信息，他们发现受害地区实际上已经扩展到整个东京都，包括杉并区和中野区等地，因此决定在东京的每个区内都设立一个联络站。[82]同时，日本动物爱护协会要求警视厅和东京地方检察厅严惩猎猫人，媒体也大力报道了这些动向。对此，全国传统音乐商业协会为了避免行业形象受损，决定限制猎猫的数量，并只允许猎取流浪猫。[83]

即便如此，猎猫人此后依然没有停止活动，与动物保护组织之间也时有冲突。话虽如此，但后面会说到，随着《动物爱护管理法》的出台，对猎猫行为的社会谴责逐渐增多，被猎的猫数量也逐渐减少。到了20世纪80年代，日本本土的猫皮已无法满足三味线的制作需求，三味线制作商开始依赖进口。此外，由于三味线本身的需求量也在下降，很多制作商撤出市场。[84]20世纪90年代末，据报道，会鞣制三味线用的猫皮的手艺人只剩下了最后一人。[85]然而，尽管猎猫问题因受害者数量减少变得不那么起眼，但近年还是能看到有人以驱除或虐待的目的猎猫的报道。

住宅小区的发展和养猫

如上所述,"猎猫受害者协会"收到过各种类型的抱怨,但媒体对该会的报道并非一边倒地唱赞歌。各家报纸上都能看到这样的言论,即认为该协会应该惩治那些行窃、随地拉撒等给邻居们带来"烦扰"的猫。"猫盗贼团飞扬跋扈,报纸上连日来充斥着人类抗议、谴责它们的投稿"。[86] 从战后复兴时期到经济高速增长时期,在养猫人数增加的同时,抱怨猫害的人也在增多,双方的矛盾已到了无法调和的程度。

前面已经提到过,因为人口大量涌入,城市变得拥挤不堪,与之相随的社会意识变化使人们对"烦扰"行为变得敏感。另外,在经济高速增长时期,城市居民和猫的居住环境也发生了巨大变化。住宅小区出现,这类小区的增多也是导致人们意识变化的重要原因,其代表是在20世纪50年代中期以后开始建设的公团住宅①。这类住宅在20世纪60年代到70年代中期大量出现,成为年轻夫妇的憧憬,颇具人气。正如日本住宅公团(现都市再生机构)回顾的那样,"战后住宅严重不足,大多数老百姓别说是浴室,连厕所和厨房都要和他人共用。在这时候,公团把带有浴室的住宅送到了普通人触手可及之处,让入浴这样的行为所具有的私密性概念清晰地浮现于日本普通百姓的生活之中",住宅小区使日本人巩固了隐私意识,"在实际

---

① 由日本住宅公团提供,主要供中产的工薪阶层家庭使用,国家为其提供种种便利,因此价格相对低廉。

的生活中获得了将公共空间和私密空间相区别并概念化的契机"。[87]

1956年（昭和31年）制定的公团住宅管理规程规定，养狗需要得到公团的允许，但养猫就没有这个必要，因此有很多人在小区里养猫。[88]但在公寓楼里养猫比在普通的独栋住宅里养猫引发更多的冲突。如前文所述，隐私意识的增强导致邻里之间丧失了"萍水相逢也是前世因缘"强调的那种亲密感。尽管在大多数情况下小区里设有自治会，居民之间并非完全没有交流，但这种往来正朝着公私分离的方向转变，即往来的前提是确保有一个他人无法进入的私密空间。在这种情况下，别人家的猫跑进自己家来捣乱或发出噪声都会被视为不可容忍的"烦扰"，别人家的猫也就成为被投诉的对象。

养猫方法不曾改变

日本猫会的会刊参考了有关公团住宅的资讯杂志上的文章，呼吁人们在小区里养猫时，需要注意以下几点："有规律地给猫喂食"，"让猫在家里的指定地点排泄"，"不要让猫生下不想要的幼崽，不要遗弃猫"，"不要让猫在夜里出门"，"如果猫给人带来'烦扰'，主人需要赔偿"。[89]这从另一个角度说明有很多猫主人没能做到这几点。前述的变化中，猫的行为却没变，这就成了它被投诉的原因。因此，为了避免这种情况，养猫的人需要自我革新，严格遵守"道德规范"。

随着投诉增多，日本住宅公团决定，自1965年4月起，新入住者除了小鸟和鱼类外，一律不得饲养其他动物；现在已经养着宠物

图 31　大佛次郎和他的爱猫（大佛次郎纪念馆藏）。猫通常会被遗弃在因爱猫而出名的人的家门口，大佛经常会觉得不忍心，就收养了它们

第五章　猫的战后复兴和经济高速增长：猫的"婴儿潮"　　165

的住户，只允许养这一代。[90] 尽管有极少数小区没有导入禁养宠物的规定，比如大阪市营住宅，[91] 但不论是公营还是民营，很多集合住宅都纷纷效仿公团，禁止居民饲养宠物。

这一措施也导致被遗弃的猫数量暴涨。自公团决定禁止饲养宠物之后，动物爱护协会收留的猫数量剧增，[92] "大多数公建房和公寓楼都不允许饲养猫狗，因此入住时，很多主人选择了遗弃宠物。另外，绝育手术费用高昂。这些导致了'流浪猫'增加"。[93]

不过禁令实施以后，似乎还有不少人在小区里偷着养猫。但是，这让那些在搬家时"忍痛"处置了猫狗的居民感到不公平，因此即便没有受到太大影响，他们也会监视邻人的行动，甚至告发其违规行为。[94]

猫生活的变化

在经济高速增长时期，尽管猫依旧能自由出入家门，但人类生活模式的变化也给猫的生活带来了一定的影响。比如，在电影《寅次郎的故事》中，主人公阿寅在推销商品时经常说的一句台词就是"满身猫毛，满身猫灰"①。后半部分本来是说猫喜欢钻进温暖的炉灶，所以身上会沾上炭灰。在过去，满身是灰的猫是冬天常见的风景，甚至有"炉灶猫"这个词语（宫泽贤治的童话作品《猫咪事务所》里登场的"灶猫"就由此得名）。除了炉灶外，围炉、火盆等猫取暖

---

① 意思是这商品还不错。

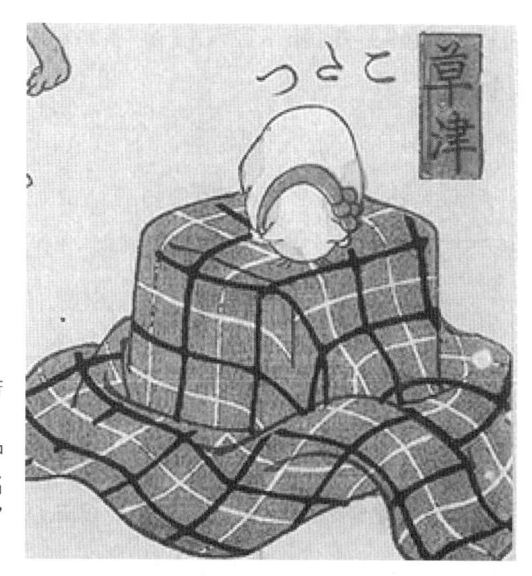

图 32 歌川国芳《猫饲好五十三只》日语里"被炉（kotatu）"和地名"草津（kusatu）"谐音。

的地方都免不了有炭灰，所以猫很容易被弄脏。但到了经济高速增长时期，随着新式厨房和取暖设备的普及，炉灶、围炉和火盆被淘汰，"满身是灰"的猫也越来越少见。

说到取暖，歌曲《下雪啦》的歌词"猫儿蜷缩在被炉上"非常有名［最初收录在1911年文部省编纂的《寻常小学唱歌》（二年级用）里］。但现在，怕是难以看到猫躺在被炉上的景象了吧。歌词里所谓的被炉，指的是图32那种自江户时代以来广为使用的类型：或是用木架子做成的可移动式被炉，底板上放着陶瓷制的炭火炉；或是在围炉上搭起木架子，再盖上被子。猫喜欢在被子上蜷成一团，这是因为被子下面空间狭小，而被子上方足够温暖。如果猫钻进被子里,就可能会被烫伤,或因为一氧化碳中毒而神志不清,甚至缺氧而死。

进入经济高速增长时期之后,人们在被炉的桌面面板下方设置了电热丝,扩大了被子里的使用空间,同时改用绝热材料制作桌面。因此猫不用再蜷缩在桌面上,而可以在温暖的被炉里舒展四肢。

另外,在取暖设备尚未普及时,猫害死婴儿的案件时有见报。猫为了取暖会坐到婴儿的脸上,导致其窒息。但随着灯油取暖器、电暖器、空调等取暖设备进入普通家庭,类似悲剧逐渐消失。不过,猫不小心绊倒暖炉或其周围的其他物品导致火灾、爬到暖炉上被烫伤等事故多有发生。虽然一氧化碳中毒问题得以解决,但由于这些新式取暖设备功率较大,很多猫的黏膜变得干燥,也有猫被低温烫伤。20世纪70年代以后出版的养猫指南中,很多都会提醒人们注意这些问题。

顺带一提,在经济高速增长时期,显像管电视机的普及也为猫提供了新的居所。特别是在寒冷的季节,有很多猫喜欢待在温暖的电视机顶部。很多家庭会有这样的记忆吧:一家人边吃晚饭,边看着上面躺着猫的电视,有说有笑。进入21世纪后,薄型液晶电视逐渐成为主流,在此之前的将近40年间,电视机顶都是猫的固定座位。

交通事故增多

以上说的是发生在室内的变化,但无论是独栋住宅还是公寓楼,到那时候为止,依旧有很多人允许猫自由外出。然而,外部环境也发生了巨大变化,尤其是交通事故的件数暴涨。1955年日本国内

168 猫走过的近现代:从妖怪到家人

图 33　躺在显像管电视机上的猫

的机动车保有量约为 92 万辆，1960 年增加到 230 万辆（2.5 倍），1965 年为 725 万辆（7.8 倍），1970 年为 1819 万辆（19.8 倍），1975 年达到 2841 万辆（30.9 倍）。[95] 同时，道路铺装也有了进展。国道的铺装率在 1955 年只有约 13.6%，1960 年增长到了 31.0%，1965 年为 56.5%，1970 年为 75.1%，1975 年为 78.8%，此外，日本还实施了道路拓宽改良工程。[96] 这些措施提高了车辆的行驶速度，增加了通行量，导致交通事故频发。

在东京市区，1964 年已有报道说各区的土木课和清扫事务所每天需要处理将近 1000 只猫的尸体。这些清扫工作中收集的猫尸被

第五章　猫的战后复兴和经济高速增长：猫的"婴儿潮"

当作垃圾，运往梦之岛①等填海地。[91]1970年前后，这种情况蔓延到东京外围区域，由于交通事故的数量增长过快，调布市、府中市等地的常规垃圾处理方式已不能满足需求，从4月起不得不委托多摩犬猫陵园帮忙处理尸体。在东村山市和小平市，据报道，因为被当作垃圾焚烧的尸体增加，人们还在垃圾焚烧场内建起了"狗猫供养塔"。[98]交通事故致死人数在1970年达到高峰，为16765人，此后随着信号灯和人行横道的普及，这一数据有所减少。但显然，这些措施对猫而言几乎没有任何意义。

为了摆脱"猫族受难时代"

到了经济高速增长的末期，对猫而言，生活环境变得相当严酷，有报道称，"猫族或因为公寓楼里不能继续养猫而被遗弃，或被汽车碾死，迎来了受难的时代"。[99]

爱猫团体很早就开始采取措施，试图帮猫族摆脱这个"受难时代"。主要的目标为：减少弃猫、流浪猫；防止猎猫和虐猫；提升养猫公德。东京的爱猫团体从1962年开始互相联系，共同合作对付猎猫人。1965年，日本弃猫防止会、日本猫爱好会、日本猫会、日本猫俱乐部、JCA、日本暹罗猫俱乐部、日本猫社团（Japan Cat Society）这七个团体组成日本爱猫家团体协议会。该协议会在"动物保护周"期间举办慈善舞会，将收益捐献给日本动物爱护协会；

---

① 位于东京都江东区，一部分由垃圾填海而来。

170　猫走过的近现代：从妖怪到家人

另外，研究、商讨了促进动物保护相关法律的制定以及公团住宅和公寓楼禁止养猫、猎猫等问题的对策。[100]

为了推动制定动物保护法，1963年3月9日，包括爱猫团体在内的18个动物相关团体的代表出席了"动物保护集会"。其中爱猫团体包括日本猫会、日本弃猫防止会、JCA、JCC、美国暹罗猫俱乐部日本支部等。会上就敦促政府制定禁止虐待动物法和预防虐待动物的措施等展开了讨论。[101] 为了给制定动物保护法或禁止虐待动物法造势，这些团体不但定期举办座谈会，还发起了征集签名活动，将签名交由日本动物福利协会汇总。截至1964年5月，共收集了超13万人的签名。[102] 此外，从1963年开始，这些团体还在"动物保护周"期间举办预防虐待动物大会。两年后的1965年9月20日，第二届预防虐待动物大会在虎门共济会馆召开，会上还成立了全日本动物爱护联盟，该联盟负责各动物保护组织之间的联络和调整。[103] 同年11月10日，该联盟召开了第一次会议，并改名为"全日本动物爱护团体协议会"。[104]

这些爱猫团体不仅致力于防止虐猫，还经常在会刊上呼吁人们提高养猫的道德素养。另外，日本动物爱护协会和日本动物福利协会在鼓励人们为宠物绝育的同时，很早就提出倡议，要把推动制定动物保护法作为头等目标。[105] 这些团体的努力，在经济高速增长时期即将结束的20世纪70年代初期终得正果，1973年《动物保护管理法》颁布。从那时起，猫和人类的关系再次发生巨大的变化，最终演变为今天的形式。

第六章
现代猫生活的建立：经济高速增长时期结束之后

1 猫生活急剧变化的时代

《动物保护管理法》的制定

1973年（昭和48年）秋，石油危机的到来宣告了经济高速增长时期的结束。人们的需求也发生了变化，从一味地追求数量，转变为开始注重生活质量。在这样的背景之下，能为生活增添色彩的宠物成为令人瞩目的焦点，猫的生活也随之发生了质的变化。

石油危机前夕的1973年10月1日，《有关动物保护及管理的法律》（简称《动物保护管理法》或《动物爱护法》）颁布（翌年4月1日生效）。战争一结束，动物爱护协会就致力于推动防止虐待动物的立法工作，1951年，参议院绿风会的议员向国会提交了议案，这算是动物爱护协会取得的一定成果。但因为主导此事的大牌议员去世和内阁更迭等，立法目标最终未能实现。此后经过相关人士20多年的努力，该法案终于得以通过。参与立法的是以日本社会党议员大出俊等人为中心的跨党派集团。执政党和在野党通力合作，历经四年时间反复磨合，使得该法案最终在国会获得通过。

这部法律旨在防止人类虐待动物，确保人类恰当地对待动物，培养爱护动物的社会风气，同时防止动物对人类的生命财产造成危害，并对违反者处以罚款。就抱怨较多的弃猫问题，该法规定对遗弃猫狗的人处以3万日元以下的罚款。此外，该法还指出饲主有义务正确地保护、管理自己的宠物，并要求地方自治体（都道府县）必须应饲主的要求，接收被遗弃的宠物。但事实上，行政部门无力饲养，估计很多被接收的动物都难逃安乐死的命运。

要求处以安乐死

在动物保护组织的强烈要求下，《动物保护管理法》里加入了地方行政部门必须收留被遗弃的动物并可以对其处以安乐死的规定。这些团体此前就开始提供安乐死或与之相关的中介服务。截至1973年法律出台时，仅日本动物爱护协会就收留了3415只动物，其中331只找到了新主人，其余的都被处以安乐死。当时的协会事务局局长表示，"尽早实行安乐死可以减少动物的痛苦"。[1]正是这种想法使得自治体有义务收留动物这一规定被纳入法律。此前，为了控制狂犬病，地方行政部门有过收容狗的经验，但很多自治体并没有收容猫的设施。因此，这项法律反而促进了这类设施的建设，能够大量对猫实行安乐死的设施得以建立。

起先，自治体对接收猫表现得非常消极，对法律规定的义务也表示反感。尽管在法律实施之际，总理府（现内阁府）曾要求各都道府县报告负责此项工作的部门，但据称，到了截止日期只有两个县做出了答复。没有一个自治体愿意承担这份麻烦的工作，底下各部门之间也互相推诿，不想揽下这个活。[2] 该法律施行两年后，也就是说到了 1975 年，仍有很多自治体拒绝接收猫。究其根本，除了没有收容设施，新建起来很麻烦等实际问题外，还有害怕猫作祟、忌讳杀猫等心理因素，"不管在哪个地方的行政机构中，职员们都有很大的抵触情绪，（中略）如果一定要他们处置猫，他们就打算辞职"。[3] 连之前负责处理狗的外包企业也表示，要是逼他们接收猫，他们今后就不会再和行政部门合作。[4] 处理狗的话，尚有控制狂犬病的大义名分，但处理猫就是单纯的杀害，师出无名，所以职员们尤为反感。

当然，也有一些地方自治体在《动物保护管理法》实施之前就接收过猫。前面提到，东京都为了迎接奥运会，从 1963 年开始接收、处置猫；在此之前，20 世纪 50 年代就曾通过保健所把接收的猫分别送去位于荒川和世田谷的狗收容所进行处置，"随后把尸体送往东京都指定的处理厂，由其提取油脂并将余下的部分制成肥料"。[5] 京都府也曾以居民抱怨流浪猫为由，于 1972 年制定了动物饲养管理相关的条例，开始接收被遗弃的猫。

此后，各地的动物收容设施日渐完善，可是后来发生了动物保护组织始料未及的问题。1974 年 11 月，曾担任上野动物园园长的古贺忠道作为动物保护审议会会长在田中角荣首相面前回答说，可

174　猫走过的近现代：从妖怪到家人

以把收容的猫和狗转用于动物实验。[6] 这一提案后来被付诸实施，原本可以通过安乐死而脱离苦海的猫，反而要承受更多的痛苦。

猫的商业杂志诞生

尽管《动物保护管理法》存在以上种种问题，但动物保护组织一直以来的主张以法律形式得到实现，昭示着包括猫在内的宠物有了更高的地位，猫在社会上的影响力也逐渐增大。明确反映出这点的是出现了以猫为主题的商业杂志。

在上述法律出台的前一年，即1972年（昭和47年），"专为猫和爱猫人士制作的专业杂志"《猫生活》（宠物生活社）创刊，这也是战后第一份有关猫的商业杂志。起先是季刊，从第5期开始改为双月刊，1975年1月起又改为月刊。该杂志多角度地介绍了和猫相关的各种信息，包括名人养的猫、国外猫的情况，猫史相关逸事，以及猫展信息等（图34）；还刊登了动物摄影师岩合光昭以及他的父亲岩合德光的作品。据说在1975年前后，猫杂志社开始发行题为《猫杂志》的杂志，但就连日本国会图书馆也没有收藏，因此我尚未确认。这本杂志貌似是月刊，介绍了爱猫人士的动态、猫的相关商品和纯种猫等。

当然，这些杂志的出现，并不仅仅是猫的社会影响力增大的结果，其出现的重要背景是印刷媒体在追求生活品质的时代里变得多样化。在那个时期，除了综合杂志和周刊杂志外，专业杂志、行业报纸、资讯杂志、男性杂志、女性杂志、生活杂志等不同类型的杂

图 34　杂志《猫生活》。从创刊开始就刊登了很多照片，但从第 8 期起改为 A4 画报形式（之前为 B5），更强调视觉效果

志如雨后春笋般出现，与猫相关的杂志和其他出版物，就在这股潮流里应运而生。这些出版物的出现，进一步提升了猫在社会中的认知度，所谓的"猫热潮"时代即将到来。

猫的饮食发生剧变

从经济高速增长时期开始，猫的生活发生了缓慢却具有重大历史意义的变化，那就是饮食生活的变化。这个变化可以分为两个阶段。第一个阶段，猫的饮食变得丰富；第二个阶段，猫粮变得普及。前者始于经济高速增长时期，后者则从经济高速增长的末期开始。

20 世纪 50 年代到 60 年代，猫粮尚未广为人知。1957 年，有人从一名准备回美国的外国人那里接手了一只暹罗猫和一些猫罐头。他找遍了包括 PX（美军的商店）、OSS（为在日外国人开设的商店）

等进口商店在内的各种商家,都没能买到和那些罐头相似的商品。有一次他对上野阿美横丁①的店家说"请给我猫罐头",店家误解他想要猫肉罐头,大声怒吼我们这里才不卖那东西。连东京都如此,其他地方可想而知。[7]

事实上,几乎在同一时期(1957年),日本国内已经开始生产猫粮。随着食品供应情况的好转,金枪鱼、鲣鱼薄片滞销,多余的部分就被做成罐头出口到美国。只不过当初这些产品主要用于出口,因此没有在日本国内流通。[8]

猫的传统饮食

那么,在经济高速增长时期之前,猫以什么为食呢?所谓猫的饮食,自江户时代以来,通常是指在谷物里混入鲣鱼片,或在人类的剩饭上浇上汤汁。稍微奢侈的家庭,会给猫喂竹荚鱼或杂鱼干。但当时很多人从实用角度出发喂食,关注的不是猫的健康,而是它们能不能抓老鼠。坊间流传着如果让猫吃得太好,它们就不乐意抓老鼠的说法,因此不少猫主人故意让猫吃得很寒碜,或是觉得猫会自己抓老鼠或麻雀,不需要额外的食物。甚至1966年(昭和41年)出版的书籍仍然写着,"有人认为,猫要是饿了,会自己找老鼠吃,没什么好担心的"(文章的本意是要批判这种想法)。[9]另外,那时候很少有家庭会给猫喝水。"有很多只给猫食物却不给水喝的家庭,那

---

① 位于上野车站附近的商店街,战后集中了糖铺和倒卖美军二手物资的店铺,因此得名。有来自各国的商家。

里的猫只能去喝厨余污水或水沟里的水，很容易生病。"[10]

总而言之，在经济高速增长时期之前，猫一般吃的都是人类的残羹冷炙，因此正如前一章所说，在战争期间或战后不久，人类自己的饮食生活捉襟见肘，猫的饮食自然也贫乏。与此相反，到了经济高速增长时期，随着人类的生活变得富裕，猫的饮食也丰富了起来。

经济高速增长末期的饮食

这里有一份有关养猫实际情况的调查报告。1971年，作者岩田江美把自己在玉川大学的毕业论文制作成册，起名为《来自猫的书信——家猫的实际情况调查》。[11] 从1970年7月到12月，她共发放了706份调查问卷，回收率为75%（总计540份）。每养一只猫就需要填写一份问卷，因此养了多只猫的主人填写了多份问卷。共有305人参与了调查，其中男性49人，女性256人。从职业来看，主妇人数最多，为79人，其次是学生，有72人。由于问卷通过熟人发放，样本可能存在偏倚，特别需要注意的是，住在东京等大城市的受访者比例较高。但当时没有其他类似的调查，因此这份资料非常珍贵。

调查结果显示，大多数人会给猫做饭，比如在米饭里加入杂鱼干或鲣鱼片（和以前不同的是，除了传统的鲣鱼片外，混入竹荚鱼等其他鱼类的情况有所增加）。只有大约15%的人使用猫粮。也有人会买竹荚鱼、金枪鱼等鱼肉或鱼杂直接喂猫。食品之中，最受猫欢迎的是竹荚鱼（105例）、奶酪（76例）、牛奶（58例）、乌贼（50

例)、火腿和香肠（47例）、杂鱼干（43例）。现代人认为不能给猫喂乌贼，但在当时，只要猫喜欢，很多人就会给它们。同样，现在并不推荐的螃蟹也榜上有名（16例）。但猫粮没有出现在这份名单上。当时，奶酪、火腿和香肠等食物开始出现在人们的餐桌上，这份调查也如实地反映了人类饮食生活的变化。此外，不少人会把自己吃的食物直接分给猫，比如生菜、脆饼、甜点、拉面、香蕉等。也有人给猫吃昂贵的食物，比如刺身（17例）、瘦牛肉（13例）、鳗鱼（6例），对此，负责收集这些问卷的人的母亲这样描述1970年前后的情况：

> 有些鱼贩听到"买给猫吃"，就会面露不快。因为怕被人说"这世上还有人吃了上顿没下顿，你却给猫吃高级的竹荚鱼"，所以不敢轻易说这话。有时候店家知道是给猫吃的，就会从屋里拿出来一些腹部膨胀、不太新鲜的竹荚鱼。因为相对便宜，店家也是出于好心，就买了回去，没想到猫压根不买账。[12]

像这样，越来越多的主人开始考虑给猫喂一些它们喜欢的、高品质的食物。在经济高速增长时期，猫的饮食变得丰富，反映出人类的饮食生活也得到了改善，手头变得宽裕。

猫的现代病

饮食生活的变化使猫的身体和行为出现了两种变化。其一是猫不再捕鼠，其二是染上了生活习惯病。到了这个时期，为了驱鼠而养猫的人已寥寥无几。20 世纪 70 年代初期，东京都千代田区开展的一项问卷调查表明，区内 4 万 5000 户家庭之中，约有 15% 的家庭养猫，但其中过半数的家庭表示，家里还是会有老鼠。区政府认为，正是猫的饮食得到了改善才导致这种情况。[13]1976 年新潟县进行的调查也发现，会认真捉老鼠的猫只占总数的 6%，心情好的时候捉老鼠的猫占 31%，加起来也不过 37%。这或许是因为以前猫需要靠老鼠来补充动物蛋白，但随着它们的生活质量提高，这种需求就不复存在了。[14]

另外，长田弘①在他的随笔集《猫没有未来》中提到，最近猫不再追逐老鼠，是因为"它们吃得太好，已经忘了以鲣鱼片拌饭为食的日子。现在它们吃的是去了刺的白身鱼，刺身只挑带脂肪的部分吃，所以很容易发胖，患上糖尿病或动脉硬化。因为肠道受到脂肪压迫，就算去追老鼠也很快就气喘吁吁，筋疲力尽"。[15]猫变得肥胖且体形变大，糖尿病等生活习惯病的发病率也有所增长。

畸形猫增多

20 世纪 70 年代，或许是因为食物中含有人工合成化合物，很多猫出现了畸形。这个问题不仅仅限于猫，比如淡路岛猴园里就出生了很多畸形的日本猕猴，而在 1973 年，爱知县也出生了大量有

---

① 长田弘（1939~2015），诗人、儿童文学家。

腿部残疾的猪。至于猫，有报纸报道江东区森下的一家动物医院接诊了很多步态异常的猫，从1971年10月到1974年6月，总计达67只，其中有些猫完全丧失了行走能力。这些猫的共通点是被大量喂食鱼类。东京都公害研究所和东京大学医学部脑研究所通过共同研究，从这些猫的内脏中检测到了水银、PCB（聚氯乙烯）、DDT（有机氯类杀虫剂），正是这些化学物质的复合污染，导致了猫出现上述症状。[16]

井泽房子在《和猫在一起》[17]一书中回忆，1977年初，附近的一位老太太带着无法行走的猫们去看病的时候，兽医对她说："最近有很多这样腰部使不上力的猫，也算是一种公害猫吧。"若山奈都代也在《猫和我家的历史》[18]中提到，20世纪70年代她养了一只叫"点点"的猫，特别喜欢吃红色的食物，比如红色的鱼糕和香肠等，她开玩笑说"净吃这种带色素的东西，总有一天会患癌"，结果那只猫真的死于癌症，令她追悔莫及。20世纪70年代的养猫记录里时常能看到这样的描述，"最近不让猫吃竹荚鱼，（中略）因为里面有PCB"，[19]"特别爱吃金枪鱼罐头的'好运'和喜欢竹荚鱼、梭子鱼的'咪咪'都生病了，而且症状和那可怕的水俣病一模一样"，[20]可见在这个时期，有很多猫主人会在意食品公害。

猫粮登场

猫粮刚出现的时候，也有人担心食品安全问题。起初在20世纪60年代，猫粮主要用滞销的鱼类制成，价格低廉，甚至有兽医表示，

"从营养学角度来说低质产品较多，站在医师的立场上，哪怕算上那些进口货，也鲜有能推荐的商品"。[21]1968 年，日本猫爱好会的会刊上刊登了国内用户只要提出要求，就能购买到静冈县清水食品公司生产的外贸用罐头的信息，并推荐说，"最近，鱼价走高，想来诸位为了猫的饮食煞费苦心，不妨试试便宜的罐头如何"。[22] 推荐的理由纯粹是"便宜"。猫粮的味道似乎也不是很好，"有些吃猫粮长大的猫吃过竹荚鱼之后，就再也不肯吃那么难吃的东西了"。[23]

1971 年出版的《养猫指南》[24] 中写道："爱猫人士似乎开始广泛使用猫粮等即食产品。因为猫粮便于储存、加工、烹饪，这使得给猫喂食变得省心省力，况且猫粮营养均衡，口感优良，容易被吸收。"然而，该书写到猫饮食的那章里，和猫粮相关的部分只有寥寥数行，占整体的比例极少。号称"广泛使用"，但实际上在 20 世纪 70 年代前期，猫粮的普及率还是很低的。

1972 年，一位猫主人第一次在商店看到鲣鱼味的猫罐头，试着喂给猫吃，"不好伺候的小家伙抽着鼻子竟然开始吃了，太让人感动了！（中略）170 克只要 50 日元，价格也让人满意"。即使如此，"连续喂的话它就会厌倦，总归还是竹荚鱼更好。所以第二天还给它吃这个的话，需要调下味。就这样平均一周用两个。因为附近的市场里没有这类东西，所以得坐 20 分钟地铁去买，每次带回来 10 个"，"或用黄油煎，或浇上鸡蛋，或撒上木天蓼粉，这样它才能忍受连续两三天都吃 mimy（商品名）"。[25] 由此可见，当时的猫粮还是以廉价、方便为卖点，如果不调味，猫很快就会吃腻，而且，当时的猫粮也不是随处都能买到的。

同一时期，日本猫爱好会会长金崎肇在访问美国时，看到有人在家里喂猫吃干粮，就说，"美国的猫吃的不是伙食而是饲料，真是可怜"，相比之下，日本的猫虽然吃的是残羹冷炙，但每天的菜单都有变化，所以要幸福得多。[26] 当初，猫粮追求的是"简便"，所以对猫爱得深切的人对用这种低端的东西喂猫持有抵触情绪。

猫粮的普及

不过不久之后，国产猫粮开始在日本国内流通，猫粮逐渐变得更贴近生活。起先，猫罐头（湿粮）基本用于出口，但从20世纪60年代后期开始供应国内市场。至于面向国内需求而生产的干粮，按照网络上的说法，起源于1972年10月由宠物线公司推出的"猫脆片"。但参考当时多家报纸的报道，日本配合饲料股份公司的"猫午餐"（500克装，300日元）才是第一款产品。[23] 总之，在这个时期，各家公司陆续推出了各种猫粮。直到1974年前后，说到宠物食品，通常指的是狗粮，猫粮的普及率只有2%，但1976年《猫生活》杂志的一项问卷调查表明，99%以上的养猫家庭或多或少用过猫粮。其中，完全依赖猫粮的家庭只占5%，而48%的家庭会考虑菜单并为猫烹饪，43%的家庭会在猫粮里混入点什么，剩下不到5%的家庭则用剩饭剩菜喂猫，和只给猫吃猫粮的家庭一样，都是少数派。尽管饲主只是偶尔给猫喂食猫粮，但猫粮逐渐得到普及的趋势可见一斑。[28] 农林水产省畜产局流通课每年发布的宠物食品生产统计中，到 1977 年为止，被单独列举出来的只有狗粮、观赏鱼饲料、小鸟饲料等的生产量，猫粮则被归入"其他"类别。从 1978 年开始，猫粮也成为独立的统计项目。[29]

起先，只有前往宠物专卖店、商品齐全的百货店或大型超市才能买到猫粮，但自 20 世纪 70 年代后期以来，随着城市超市在各地普及并持续发展，猫粮也开始出现在这些超市的货架上。而且猫粮之中，考虑到营养平衡的商品有所增加。新出现的这类注重营养均衡和猫的健康的商品，最初被叫作"完全餐"，后来改名为"综合营养餐"。就这样，到了 20 世纪 80 年代，只喂食猫粮的家庭慢慢变多了。

猫粮的普及还反映在流通量上。1970 年仅有 600 吨，1975 年增加到 3665 吨（6 倍），1980 年为 15241 吨（25 倍），1985 年为 49662 吨（82 倍），1990 年为 112293 吨（187 倍）。滚雪球式的增长一直持续到 1995 年，达到了 228750 吨（381 倍），此后增速趋于缓慢。[30] 至于种类，最初以湿粮（也就是所谓的"猫罐头"）为主，随后干粮开始增加，到了 20 世纪 80 年代中期，两者在市场上势均力敌，之后干粮的市场份额继续缓慢上升。

缺乏运动的猫

此外，在这个时期，缺乏运动的猫越来越多。正如前面所述，进入经济高速增长时期以来，住宅小区的数量增加，进入 20 世纪 70 年代后，高层住宅兴起，尤其在城市里，集合住宅的入住率不断上升。随着预制住宅的出现，很多独栋住宅也变得比以前更为封闭。此外，外面的交通事故发生数量不断增加。在这种情况下，越来越多的人选择在小区或公寓楼里偷偷养猫，而且为了避免交通事故，出现了只允许猫在室内活动的主人。

这些生活环境的变化，再加上饮食习惯的改变，导致了猫的生活习惯病增多。1984年（昭和59年）的报纸上刊登了一则报道，说有不少生活在城里的猫和狗患上了一些以前难以想象的疾病，比如腰椎间盘突出、齿槽脓漏、神经性脱毛等。除了缺乏运动外，最大的原因是经常大快朵颐却没有地方释放压力，"居住环境的恶化自不必说，主人都不放它们出去晒太阳，这么养出来的猫当然不会强壮"，从这段文字中可以看出，当时的舆论并不赞成在室内养猫。[31]

此外，牙齿和牙龈的问题也有所增加。根据1985年的一篇报道，超过三成的宠物猫有牙结石，多有齿槽脓漏等疾病。该报道指出："有些人只要自己觉得好吃，就给猫喂过多稀软或味道过重的食物。要想除去牙结石，就必须让它们吃硬的东西。"另外，以前为了给味噌汤加味，家家户户都会常备杂鱼干以用于熬汤，但随着味精和速溶味噌汤的普及，厨房里再也看不到杂鱼干的踪影。这导致猫吃杂鱼干等硬质食物的机会变少，牙结石也随之增加。[32] 当然，在此之前猫也会得牙科疾病，但随着猫的寿命增加，越来越多的主人会带猫去看病，这使这类疾病更容易被发现。从20世纪80年代中期开始，干粮变得比湿粮更为普及，说明越来越多的猫主人开始注意猫的口腔健康。

猫厕所和猫砂

在这个时期，还出现了猫厕所和专用的猫砂。第三章里提到，江户时代以后，所谓的猫厕所就是放有砂粒的箱子，名叫"粪仕"，但多半给幼猫用，"猫成年之后，一般会在外出的时候，或在庭院里排泄"，[33] 加上有臭味，所以很少人会在家里设置猫厕所。前述 1971 年开展的问卷调查中，让猫在室外自由大小便的回答最多，为 260 例，尽管没有猫厕所但会让猫在指定场所排泄的为 68 例，总计 328 例。相反，设有猫厕所的只有 152 例。[34]

但是，在封闭性强的独栋住宅或公寓楼里养猫，就必须设置猫厕所。在经济高速增长时期，因为很难搞到猫砂，很多猫主人回忆，曾在深夜去小区游乐场的沙坑里偷沙子。也有人回忆说："因为猫砂短缺，所以分外珍惜。对于成团的粪便，就用筷子挑起来去扔掉，对于尿过的猫砂则用水反复冲洗。虽然挺对不起邻居们，但还是会把尿味重的猫砂拿出去晒干后重新利用。"[35] 但是，因为"（猫砂）会把室内弄得很脏，换猫砂也很麻烦，更重要的是到了特定的时节，臭味熏天，不堪忍受"，[36] 所以有些人把报纸或周刊杂志撕成碎片，用来代替猫砂。猫厕所的容器也因人而异，有金属盆、纸板箱、木箱等。

到了 20 世纪 60 年代，出现了进口的塑料制猫厕所和猫砂。为了除臭，有些猫砂里似乎还加入了芳香剂，但价格不菲，所以很少有人使用。从 20 世纪 70 年代中期开始，日本国产商品出现，猫厕所这才开始被广泛使用。特别是经营猫的宠物店数量增加，促进了猫的相关产品的普及。在20世纪80年代，猫砂产品更为丰富，为了除臭而下了种种功夫的商品、能当作垃圾扔掉或可以直接冲进马桶的商品相继出现。

此外，说到气味，这个时期和猫的气味相关的抱怨也有所增加。但在经济高速增长时期之前，报纸和杂志上几乎看不到因为气味而起冲突的报道。如果有猫跑到家里来拉屎，那是另一回事，但基本不会有人在乎邻居家猫的气味。当时，很多人不会每天都洗澡，人类的厕所也还是汲取式的，街上到处都有垃圾堆和其他污物，所以根本谈不上去在意猫的气味。但随着城市变得拥挤，人们的卫生意识增强，制定了垃圾收集制度，用上了冲水马桶，家里也安装了浴室。卫生环境的改善使得人们对气味变得敏感，越来越多的人开始介意邻家猫的气味。

经营猫的宠物店登场

前面提到宠物店的增加使猫厕所等专用商品普及，但其实在战前，就已经有了狗店和鸟店。但除了为消灭鼠疫而鼓励养猫那会外，并没有专门经营猫的店铺，最多只有养蚕地区附近为了抓老鼠而定期举办的"猫市"。战后，直到经济高速增长时期，宠物店的规模较小，而且小鸟、狗和观赏鱼是三大主流商品，很多宠物店都主打其中之一，很少有店铺能提供与猫相关的商品。人们觉得，从别人那里领养猫是理所当然的事，不需要去店铺购买猫。但从20世纪

70年代中期开始，宠物店朝着大规模、综合性的方向发展，经营猫（洋猫）的店铺增多。与此同时，更多的人开始养洋猫（在那之前，一般要通过猫相关团体的饲养人员或熟人才能弄到洋猫）。

在这样的背景下，一些主要销售猫的宠物店出现，其中有代表性的是位于东京中野的猫舍"普利司通"。该店最初只经营狗，大约从1973年开始经营猫，1975年因为分设了专营猫的楼层而一举成名，1977年在银座开设了专营猫的分店。

1975年，法国文学研究者三轮秀彦从独栋住宅搬去高层公寓，因此需要猫厕所。他写下了人生中第一次踏入宠物店（大概就是"普利司通"）的情形："我听人说猫厕所很好用，就去了所谓的宠物店。（中略）没想到那是一家猫的专营店，出售价值数万日元的洋猫和与猫相关的各种商品"，"我照着店员姑娘的推荐，买了猫厕所、能快速干燥的猫砂，外加一根磨爪棒"。[37] 商品齐全的宠物店让多年来养过很多猫的三轮耳目一新，受到了震撼。

随着宠物店的数量增多，出现了经营猫的店铺，猫用品的种类也变得丰富了起来。20世纪60年代以前，人们通常会自制猫玩具，或者拿身边的绳子或草来逗猫玩。但后来，出现了给猫用的玩具、猫爬架（最初被叫作"攀爬树"或"猫树"）、猫抓板等商品，吸引了众多用户。这些商品起先靠从美国等地进口，后来实现了国产化。比如到了1978年，三层的猫爬架售价为3万日元，一层的也要卖2万日元，考虑到当时大学毕业生的起薪大约为10万日元，[38] 这些商品显然非常昂贵。但到了20世纪80年代之后，随着供货量增加，这些商品的价格逐渐下降。

此外,有助于猫吐出胃里毛团的"猫草"也在这时候出现。20世纪60年代的文章里写到,"我国传统住宅的形式,导致很少有猫被完全关在屋里,它们往往在饲主不知道的情况下吃了外面的野草,排出了毛团",[39] 说明当时人们还没怎么意识到猫需要吐毛团。但经济高速增长时期结束后,有些猫被完全养在室内,于是主人们也意识到了需要解决猫吐毛团的问题,就这样,猫草从20世纪80年代开始出现在宠物店里(不过最近有人开始主张,猫吐毛团并不一定需要"猫草")。

把猫当成"家人"的萌芽

经济高速增长时期结束后,从20世纪70年代后期到80年代前期,猫的生活环境发生了显著的变化。在宠物店里发现了新世界的三轮秀彦这么描写他养的三只猫:"以前明明只吃生的竹荚鱼,现在却满足于猫粮和杂鱼干。""不得不承认,我家的猫沦为了宠物。以前那充满野性的本能究竟上哪去了?猎取小鸟、和虫嬉戏、在大地上尽情打滚嬉闹的自由奔放,无视人类的存在随心所欲地活着的习性究竟上哪去了?""和从前相比,三只似乎都对人类更有兴趣了,尽管不至于像狗那样看人类的脸色,但隐约能察觉到它们在刻意地顺应人类的心思,真叫人不快。"[40] 在室内饲养的猫,长时间地与人类共处,变得比以前更关心人类的行动;另外,人类也因为猫时刻在身边,会在意它的行动。就这样,猫从"宠物"向"家人"靠近。

当然，即便到了 20 世纪 80 年代，整体来说，在室内养猫的人仍是少数派，猫本身的人气也远不及狗。1981 年（昭和 56 年）总理府进行的"有关动物保护的民意调查"显示，55.8%的人回答喜欢狗，而回答喜欢猫的人仅占 29.6%，差距相当大。相反，17.1%的受访者表示不喜欢猫，除了猛兽、爬行类动物和昆虫外，猫是最不受欢迎的存在（而不喜欢狗的人仅占 7.2%，是猫的一半以下）。

即便如此，和过去"十人之中，六人讨厌猫"，[41]"十人之中，不喜欢猫的竟有七人"[42] 的情况相比，爱猫人士的比例已经大幅提升。在下一节大家会看到，从 20 世纪 70 年代末开始，日本进入慢性"猫热潮"的时代。

2 慢性"猫热潮"的光和影

"猫热潮"时代拉开帷幕

在读者朋友们看来，"猫热潮"究竟是从什么时候开始的呢？"猫热潮"这个词语成为媒体热词，最早可以追溯到 40 多年前，即 1978 年（昭和 53 年）。虽然之前它也被使用过，但那一年，它在多家媒体上同时出现，作为一种社会现象广为人知。此后，尽管时有起伏，但这种几近慢性的"猫热潮"一直持续到了今天。

兆头在前一年，即 1977 年就已经开始显现。如前所述，"普利司通"正是在 1977 年开设了银座分店，同年 10 月，CBS 索尼发行了一张名为《猫的美妙的世界》的唱片，收录了 32 只猫的叫声，成为热门话题。这大概也是历史上第一次使用猫叫声的唱片。他们在长达28公里的胶带上录下猫叫声，然后进行剪辑。因为有一只猫总喜欢用爪子抓麦克风，所以录制过程非常艰难。[43] 同年下半年，关于猫的摄影散文集《猫 优雅的野生贵族》[44] 和收集了古今中外猫画的《猫的画集》[45] 相继出版，保罗·戴维斯、山城隆一、浅井慎平、矢吹申彦等艺术家纷纷在个展中展出了和猫相关的画作，艺术界也出现了"猫热潮"的前兆。[46]

猫的书籍大卖

有了前一年的这些，到了1978年，"猫热潮"一举爆发。比如这一年出版了大量的猫摄影集。说到猫的摄影集，发售于1971年的西川治《猫 妈咪内特》[47] 是一本长期畅销书，1972年山与溪谷社出版发行了本多信男的《猫》，此后这两位引领着市场，每年都会推出新作。但到了1978年，西川治的《棉花糖和卡比特生了小猫》[48]、熊井明子和西川治的《乘着梦幻色风的猫》[49]、岩合光昭的《可爱的猫们》[50]、广田亲子和山崎哲的《猫》[51]、深濑昌久的《佐助！我的爱猫》[52] 等众多摄影集同时亮相。此外，将本多信男的摄影作品与乾信一郎的文章相结合的《猫的书》[53]、大佛次郎的《有猫陪伴的日子》[54]、庄司薰的《我会说猫语的原因》[55]、鸭居羊子的《流浪猫虎虎》[56] 等有关猫的散文集也在这一年相继出版，成为经典之作，至今仍有读者。从1977年下半年到1978年，共有40多本和猫相关的书籍出版，东京市内的大型书店，如新宿的纪伊国屋书店、神保町的书泉、银座的近藤书店和旭屋书店等纷纷设置了猫书专区。1979 年 6 月，杂志《牛角面包》（杂志屋）进行了"为什么会有这么多猫书"的专题报道。让人很难相信仅在这 10 年之前，"在日本，几乎没有和猫有关的书籍，真叫人寂寞"。[57]

猫还成了电视、报纸广告的宠儿，"猫出现在家电、服装、百货店等十多种电视广告上"，"还在汽车、家用录像机的报纸广告里"登场"，呈现"无处不见猫"的状态。[58]1979 年 1 月，由波斯猫和加藤刚主演的电视剧《猫派送的报纸》开始播出。

《猫的手账》创刊

1978 年，杂志《猫的手账》（猫的手账社）的创刊也成为话题。和以照片为主的《猫生活》不同，早年的《猫的手账》仅有 B6 大小，文字排得密密麻麻。另外，相对于《猫生活》和其他摄影集多以洋猫为题材，该杂志则以"生活中的猫"为主题，把关注"随处可见的猫"作为编辑方针，并采用了读者参与式的版面结构。

该杂志的试刊号销量超过 2 万册，读者的反响强烈。很多人向杂志社表达感激之情，比如有这样的投稿：以前，洋猫也就罢了，但如果说自己喜欢土猫，别人就会露出不可思议的神情，"就算在朋友之间，聊到宠物的时候自豪地说'我喜欢狗'的人居多，而说'我喜欢猫'多少有些不好意思"，多亏了这本杂志，情况发生了变化，"谢谢你们赋予了猫和爱猫人士'市民权'，请继续以土猫为本"。[59]不仅名人、富人养的洋猫，连"随处可见的猫"也成为杂志的题材，明确地反映出猫的社会地位得到了提升。

1979年,由八锹真佐子创办的《猫漫画新闻》出版发行(但因为图书馆里没有收藏,所以我没能确认内容)。尽管是私人出版,但这是继战前的《犬猫新闻》之后出现的一家以"猫"为主题并自称为报纸的媒体。

"猫热潮"还在持续,每年都有大量的猫摄影集出版。到了1981年,出现了所谓的"暴走猫",即穿着学生制服或水手服、模仿不良少男少女的猫,口头禅是"别瞧不起我!"这个形象被广泛地用于海报、小卡片、摄影集中,大受欢迎,同年11月甚至发行了唱片(只不过实际唱歌的是人类)。1982年,NHK电视台的电视连续剧《从天而降的猫》和TBS电视台的节目《加世子的幼猫馆》相继开播,同年播放的动画片《哆啦A梦》里出现了猫型机器人,动画片《小麻烦千惠》里,名叫小铁和安东尼奥的猫作为重要角色登场。翌年,音乐剧《猫》在日本首演。1984年,小林真琴的漫画《怪猫麦克》[60]开始连载并大获成功,1986年被改编为真人电视剧,1988年动画片上映。1986年,由畑正宪执导的电影《小猫故事》也很火爆,票房收入达到98亿日元,在当时的日本国产电影之中排名第二。此外,《猫的手账》和CATS(1984年由《猫生活》改名而来)等杂志的发行量也大幅增加。

进入20世纪90年代,虽然"猫热潮"这个词语不再像以前那样被频繁使用,但这并不意味着猫的受欢迎程度下降。由于当时受电视广告的影响,小型犬开始流行,加上猫,人们开始改用"宠物

第六章 现代猫生活的建立:经济高速增长时期结束之后 193

热潮"这个词语。但"猫热潮"仍在持续，每年都有介绍猫品种的书出版，且保持着一定的销量。90年代最引人注目的当数《猫的手账》杂志，在其鼎盛时期，官方宣称发行量达到16万册。除了正刊外，光在90年代该杂志社就发售了约20种增刊，从动物保护到读者投稿的有趣照片，内容丰富，1998年还推出了家用录像带版的《猫的手账》（共制作了3卷）。

据报道，1991年猫粮的年度销售额超过了狗粮，而过去10年的流通量变化也显示，狗粮增长了2.9倍，猫粮则是8.3倍，呈急剧增长的态势。[61] 此外，1994年，定制版的《猫新闻》（猫新闻社）开始发行。虽然是月刊，但版面为小报尺寸。和猫相关书籍的出版量也持续增加，猫出演的电视广告等也层出不穷。

"猫热潮"的背景

那么从20世纪70年代末开始，为什么宠物之中猫特别流行呢？当时各家报纸和杂志都就"为什么是猫"展开了热烈讨论，其中很多人提到了城市化的进展，尤其是小区和公寓楼的增加。的确，那时候狗通常被养在院子里，而且因为会吠叫，所以不适合在小区或公寓楼里饲养。但猫的话，就算是小区或公寓楼明令禁止，也还是有不少人偷着饲养。这种差异导致了猫更受欢迎。1996年，东京都首次展开了猫的饲养数量调查，结果显示猫的数量已经明显超过了狗，说明有着大量住宅小区和公寓楼的大城市是"猫热潮"的发源地。

1980年（昭和55年）6月的《猫生活》杂志上刊登了一项读者问卷调查的结果，其显示在室内养猫的有263人，允许猫自由进出的有172人，把猫养在室外的只有6人。当然，全国范围而言，当时在室内养猫的人数比例估计没有那么高，但那些会购买和猫相关的杂志、书籍的人，也就是说实际上推动着"猫热潮"的人之中，只在室内养猫的城市人必然占据多数。另外，前面已经提到的猫舍"普利司通"的店主，在1978年的一篇报道里说"最近，猫非常畅销，甚至让人觉得滑稽。波斯猫、暹罗猫、喜马拉雅猫，这些单价高达15万日元的猫，每天至少能卖掉1只，多的时候能卖掉4~5只"，"'猫热潮'的原因，其一在于住公寓的人也能饲养猫，其二在于知识阶层认识到了猫的魅力，其三在于养猫会给人享受着奢华生活的感觉。对OL（女性上班族）而言，猫正可谓'会动的宝石'，据说现代人的梦想就是过上有音乐和猫的生活"。[62]1980年出版的《我的笔记14猫》[63]是一本城市室内养猫指南，封面上的广告词是"猫和我，单人房里自由自在的生活"，反映出当时不少独居女性开始养猫。以上这些都说明，以大城市为中心，越来越多的人基于媒体信息，开始追求猫作为时尚品的附加价值。

此外，前面曾提到，过去很多人认为猫"不卫生"。但到了这个时期，猫不洁的形象逐渐淡化。养在室内的猫自不必说，就算是需要出门的猫，随着城市路面铺装的发展，弄得浑身是泥，或把家里踩脏的可能性减少，况且它们也不会把猎物——老鼠带入室内。此外，从20世纪70年代到80年代，空调开始进入家家户户，夏天门窗紧闭的家庭增多，封闭性强的住宅也越来越多，这么一来，擅自闯入他人家里的"贼猫"自然就变少了。还有，超市的增加，洗衣机、冰箱等家电，以及熟食、调料、即食产品等的普及，在很大程度上减轻了家务负担，使女性尤其是生育前的女性不再那么忌讳养猫。在上述背景下，随着彩色摄影和印刷技术的发展，涌现出许多猫的摄影集和杂志，这些书籍和彩色电视里的猫广告一起，聚焦于猫的美丽、可爱、优雅，帮助人们认识到了猫的魅力。

"猫热潮"受到批评

但实际上，对媒体鼓吹的"猫热潮"最为担心的正是爱猫人士。当时的猫杂志上有不少忧心忡忡的文章，比如，"猫热潮"诚然值得欢迎，"但既然是'热潮'，就迟早会过去，那之后又会发生什么呢？（中略）街头巷尾会充斥着流浪猫和有关流浪猫的书籍吗？"[64] 在这场热潮之中，猫的商品化愈演愈烈，只注重销量的商家也有所增加。这些商家在恶劣的环境下进行养殖，将卖剩的动物处以安乐死，甚至把它们转卖去做实验。

1978年开始的"猫热潮"持续了三年之后，也就是"别瞧不起我！"的"暴走猫"大流行时，某杂志上刊登了一篇题为《别丢下我！》的文章，介绍了一家领养了大约100只弃猫的"猫寺"。文中写到，出于要搬家、猫得了皮肤病、猫长大后不再可爱等理由而遗弃猫的人层出不穷。[65] 人们对流浪猫的抱怨丝毫不减，报纸上交替刊登着排斥流浪猫的意见和"猫真可怜，不要欺负猫"的投稿，即便到了20世纪80年代，这种状况也还在持续。随着人们追求生活质量的意识增强，行政部门的职责范围也有所扩大，除了上下水道和道路等基础设施建设外，还涉及美化城市环境、提供社会福利等提高生活品质的方面。市民对行政部门的要求有所增加，这也导致了投诉的增加。此外，随着驱除野狗工作的进行，城市里越来越难见到流浪狗，猫自然就成了最受抱怨的动物。

大量消费社会的到来，导致剩菜剩饭增多，加上容易被猫爪撕破的塑料垃圾袋取代了封闭式垃圾箱，于是就有人抱怨猫把垃圾回收点弄乱。在这样的背景下，因猫而起的冲突频发，很多时候甚至发展为虐猫事件。动物保护组织每天都能听到各种各样的怨言，其中包括"我想杀了那只捞金鱼的猫，有人建议我给池塘盖上网罩，但不应该先把猫给关起来吗！""在人口这么密集的地方养宠物就是自私！""如果你们再为猫说好话，我就打爆你们那里的电话"等。猫主人则经常报告虐猫行为，比如"附近的钟表店嫌弃在屋顶上晒太阳的猫落下跳蚤来，就喷洒了毒药，已经杀死了很多只路过的猫""夜里有人用飞镖杀了猫，还把尸体放在了我家门口""有个住在大院子里的有钱人，在角角落落都安上了捕猫的陷阱，猫被抓后就这样被活活饿死"。[66]

使用毒药的案件也频繁发生，仅1984年5月，就发生了静冈县田方郡函南町的长崎蛋糕投毒案件、东京都练马区的竹轮投毒案件、东京都武藏村山市的火腿投毒案件、埼玉县川岛町的炸猪排投毒案件、大阪市平野区的烤肉投毒案件，导致很多猫狗死亡。发生这些案件的背景还是社区人际关系的疏远。1989 年，人们发现川崎市出现了很多只被截肢的猫，对此，保健所的工作人员说："喜欢猫的人互相抱团，而讨厌猫的人被孤立，这令人担忧。"[67] 做出极端行为的人往往缺乏与社区里其他人的沟通，觉得被排斥、被孤立。与之相反，从这时候开始，饲养过多、饲养崩溃①等问题也时不时被提及，而这样的主人通常也和社区里的其他人没什么交流。本来，"宠物热潮"的背景之一就是在人际关系复杂化的社会中，越来越多的人认为猫和狗比人类更值得信赖。换言之，因为人类社会的自我调节机制出了问题，"猫热潮"和对猫的抱怨才会同时发生。

猫的问题和社区

然而，充斥媒体的那些抱怨会让我们忽视，其实更多养猫的人能和邻居和平共处。比如，《猫生活》杂志的一项调查显示，被邻居抱怨过的猫主人为 55 人，明显少于没有这类经验的 361 人（还有 40 人回答说不清楚）。当然，也有可能他们并不知道邻居已经向自治体等诉苦，而且购买该杂志的人多在室内养猫所以不容易给周边带来麻烦。但的确有很多人会和邻居好好沟通，以避免麻烦。[68] 在该杂志举办的座谈会上有人提到，很重要的一点在于，就算不知道究竟是不是自己的猫干的也不能推卸责任，人际关系才是根本，首先要和邻居们搞好关系。[67]

---

① 指养的宠物数量过多，超过了主人的承受能力，导致饲养环境恶劣，还会破坏周边的生活环境。

此外，1980 年，埼玉弃猫防止协会在所泽市内各自治会的协助之下进行了一项社区调查，结果表明，65% 的人曾被猫偷走过食物、鸟和金鱼。但与此同时，也有自治会表示"（乱扔）空罐头的问题更为严重"，或"这里的居民从前就拿剩饭喂流浪猫，所以就算有点损失也不会抱怨。问题可以通过人类的努力来解决"，并不对猫怀有敌意。即便存在一些问题，自治会成员中的那些老居民也会优先考虑维持社区里的人际关系。相反，初来乍到的人和周围的人关系较淡，所以"往往绕过社区内的对话，直接向行政部门投诉，以解决问题"。也就是说，问题不仅在于猫和主人，和这种"互不谅解"的邻里关系也脱不了干系。

当然，在流浪猫数量过多的问题上，有些主人不作为也是事实，同时不应忽视来自新居民的投诉。前面提到的埼玉弃猫防止协会在此后 4 年内开展了宣传教育活动，通过组织捐款、义卖、自制商品贩卖等方式筹集资金，加上 400 万日元的行政补助，为 600 只猫实施了绝育手术。最终，饲主的自觉性有所提高，以前每年多达 120 件的投诉，到了 1983 年减少为 37 件，1985 年几乎消失。此前，所泽市会租借捕猫笼给市民，为此曾被动物保护组织批评。但通过宣传教育，想要租借捕猫笼的人越来越少，1986 年 7 月，该市废除了这项制度。[70]

东京都猫条例的制定

1979 年（昭和 54 年），由于从前一年开始接连发生饲养的猛兽袭击主人或逃跑的案件，东京都决定制定"宠物条例"，要求人们在饲养宠物时要有爱心和责任感。此前，京都市、川崎市等多个自治体已经制定了相关条例，但因为东京都的草案里有猫必须养在室内、工作人员为了抓捕流浪猫或流浪狗可以进入私宅和私有土地等规定，这引起了强烈反对。都内的11家动物保护组织认为这样的规定可能会导致人们虐待宠物，于9月7日提出了修改意见。[71]

另外，因《猫什么都知道》[72]等作品成名的作家仁木悦子等著名人士也展开了反对运动，为世人所瞩目。仁木批评说："猫生来就该放养，该条例有违动物保护的精神。避孕、阉割，这些都是避免麻烦的方法。"她呼吁社会名流参加请愿活动，收集了作家池波正太郎、户川幸夫、向田邦子、松谷美代子、吉行淳之介，画家桥本明治、向井润吉，漫画家兼插画家铃木义治、福地泡介、和田诚，以及演员檀富美、歌手叶山佩绮、歌舞伎演员田中传左卫门等113人的签名，并于10月11日将反对意见书递交给了东京都知事铃木俊一。[73]

10月19日，爱猫团体、仁木悦子、画家松岛果树子、八锹真佐子等人齐聚一堂，举行了反对宠物条例的抗议示威活动。这是日本历史上第一个和猫直接相关的示威活动。不幸的是，当天恰逢大型台风登陆，天气恶劣，但仍然有约100人参加，从日比谷公园游行到了东京站八重洲口。游行结束后，几名代表向东京都知事、都议会递交了决议文。[74]

反对运动起了效果，东京都议会的态度有所转变。在都议会卫生劳动经济委员会委员、自民党的菅沼元治提出了"草案有违猫的天性、习惯"的批评后，很多人响应说还有很多别的办法能防止流浪猫的出现。最终，在多数人的反对之下该条文被删除，改为主人要好生饲养，不要烦扰他人。[75]

放养的时代告终

从这次反对运动中我们可以看出，在那时候，理应让猫自由出入家门，把它们关在屋里实在可怜等观念依旧根深蒂固。尽管当时养在室内的猫数量增加，但很多人认为这是不得已的情况，并非理想状态："近来愈发觉得在公寓或租赁的房子里养猫很难，回想从前，它们在草地上尽情玩耍，身上沾满草籽回来，这时候抱起它们，仿佛能感受到阳光的气息和温暖。"[76]

正如前面所提到的，在制定东京都宠物条例时，这个问题也曾引起争议。在东京都议会卫生劳动经济委员会会议上，曾发生过这样的争论："把猫关在室内有违它们的天性，违背了动物保护的精神"，"不，如果任由它们出门，不但会给他人带来麻烦，导致讨厌猫的人增多，还会增加猫被车撞死的可能性，对猫来说反而不幸"。但最终，讨论的重点转变为流浪猫对策，"说起来，都是流浪猫不好，就没办法减少它们的数量吗"，"流浪猫让宠物猫背了黑锅"。[77] 就这样，因为养猫方式的争论没法收场，就把矛头对准了流浪猫，宠物条例这才得以制定。从此之后，宠物猫和流浪猫之间的"差距"逐渐增大。被小心地关在室内的猫正在与被认为令人讨厌的流浪猫分开。在放养猫是主流的年代，流浪猫和家猫之间界限模糊，流浪猫赖在家里不走，消失不见的家猫其实跑去了别人家或家猫自愿成了流浪猫的情况时有发生。两者之间，存在着"暂居猫"或"半流浪猫"等中间地带。

借由猫互通书信

在猫能自由出入家门的时代，人们经常会在猫的颈上系上书信，和笔友交流。1950 年的《读卖》报道了这么一个故事。一位 27 岁的女性住在新宿区牛入柳町，患病在床的她收养了一只名叫"阿咪"流浪猫，聊以慰藉自身。有一天，她发现阿咪的颈上系着一张小纸条，上面写着"它经常在我的病床旁晒太阳，如果给它戴上项圈，会不会显得更可爱呢？"原来写信的是一位也长期卧床的 19 岁女性，同病相怜的两人从此通过猫互递书信。[78] 松本惠子在《随笔 猫》[79]里也记载了类似的经历。有一天自家的猫回来时，颈上系着这么一封书信："这只猫叫什么名字，住在哪里？它每天都来我家玩，真可爱。"以此为契机，两人成为笔友，那位女性甚至造访了松本家，两人围绕猫的话题聊得非常尽兴。像这样，通过猫的传信，人与人之间建立了友情。

但随之而来的时代使这种方式变得困难。1979 年的一篇随笔中这么写道：

很久以前，有一只虎斑公猫时不时来我家玩。有一天，我在它的项圈上系了一封信："这只猫常来我家玩，给我带来了快乐。偶尔喝点牛奶就回去了。不知是哪家的猫？"（中略）第二天，那猫又出现了，颈上像是绑着回信，打开一看，上面写着"我家的汤姆打扰了您还在您家里受到照顾，非常感谢。今后也请多关照"。（中略）某天傍晚，有位像是大学生的陌生人来访。他站在门口说，"我是汤姆的主人，那孩子受您照顾了。其实前不久它遭遇了车祸，母亲让我来知会您……"还拿出了一盒糕点。他跟我聊起汤姆的死，回忆说自己学习到深夜一点的时候，汤姆也会陪伴在书桌或书架上，如今汤姆不在了，真是寂寞难耐，也提不起劲儿来学习了。他悲伤地说完这些就离开了。多亏了汤姆牵线，我和 I 一家至今仍保持着联系。[80]

交通事故终结了借由猫进行的书信往来，也是后来室内养猫成为主流的主要原因。20 世纪 80 年代，农村也铺设了水泥路，机动车保有量急剧增加。城市自不必说，农村也是交通事故频发。就算明白应该让猫在外面自由地玩耍，但万一出了交通事故就血本无归，于是越来越多的人开始在家里养猫。也有很多人在爱猫遭遇交通事故后，再也不让猫外出。就连曾经主张在室外自由散步才符合猫的本性的动物保护活动家，也逐渐开始呼吁人们把猫养在室内。

流浪猫的困境

但是，就算不让宠物猫出门，流浪猫也不会消失，被遗弃的猫也在不断增加。前面提到 1973 年颁布的《动物保护管理法》规定了地方自治体有接收动物的义务，而到了20世纪80年代，猫的安乐死变得大规模化。1981年2月，《猫的手账》报道了编辑部一行造访东京都动物管理事务所西部支所时的情形。被收留的幼猫基本上都被处以安乐死，而花钱买走成年猫的，大多是需要动物来做实验的研究机构。[81] 当时安乐死的主要方式是注射氯仿或其他药物，但这种方式不能一次性处理大批量的猫。

随着接收数量的增加，一些自治体开始建设能大批量处理动物的设施。例如，神奈川县平塚市利用真空减压装置，逐渐抽去房间内的空气以杀死动物。这种方式的确效率很高，但在真空状态下猫的内脏会炸裂，不但会给猫带来巨大的痛苦，事后清理也很麻烦。[82] 因此很多自治体改用了相对不那么痛苦且容易打扫的二氧化碳安乐死设施。比如，1983年6月，东京都在大井码头开设了动物保护中心，配备了可以同时杀死大量动物的设备。该设施还在建设时，动物保护组织就斥责其为"猫狗的奥斯威辛"，[83] 但没有成效。其他自治体也是一样的，不顾动物保护组织的反对强行建设类似设施的地区逐渐增多。全国范围内由行政机构实施安乐死的猫急剧增加，在1978年超过了10万只，1982年超过了20万只，1987年突破了30万只（参见图39）。

此外，正如前文所述，还有很多猫不是被处以安乐死，而是被送去了大学和研究机构，成为动物实验的材料。据说猫特别适合用于神经系统的实验，但"这类实验通常不使用麻醉，直接给动物施加疼痛或电击等刺激，动物因此非常痛苦"。[84]《猫的手账》的调查报告列举了多项会给猫带来巨大痛苦的实验。比如，为了研究大脑的工作原理，研究人员会在猫的脑里插入电极，持续施加电流刺激，最后把它活活饿死；在破坏了猫的饱腹中枢后不停地喂食；为了研究失眠，有些实验会在猫想睡的时候对其施加刺激，使它们保持清醒；把眼皮缝起来，让它们始终保持睁眼或闭眼的状态；还有实验会夹住猫的尾巴，或者在没有麻醉的状态下对脊柱神经放电以观察它们能承受多少痛苦。[85] 动物实验的具体资料至今仍很难看到，更别说在当时，真实情况鲜为人知。但在"猫热潮"的背后，人类的确曾用极端痛苦的方式对待过猫。根据总理府的调查，全国的自治体向实验室转卖、赠送猫的数量在 20 世纪 80 年代达到了顶峰，每年都超过 1 万只，最多的 1984 年甚至超过了 1 万 5000 只，而这一年由普通市民领养的猫仅有 732 只，有近 20 倍的猫被送去大学或研究机构。

在"猫岛"上驱除猫

猫的安乐死并不仅限于城市。这个时期，农村的猫也在不断增加，让不少地区束手无策。特别是在那些鱼类资源丰富的岛上，因为没有交通事故和天敌，也不需要在室内饲养，数量增长过快的猫成为让人头痛的难题。比如，福冈县的相岛，如今是游客云集的"猫岛"，但在 1981 年，人们把在岛上捕获的 200 只猫都送去了保健所和大学研究室。过去，相岛人曾把猫尊奉为"海神"，但到了这时候，猫的数量急剧增加，被居民们嫌弃为"无药可救的流氓"。[86]

如今，它们又被视为重要的旅游资源，就这样，历史上人类对猫的态度经历了多次变迁。

类似的情况在全国各地都发生过，很多猫被送进了实验机构或保健所。大部分猫的祖先是早些年为了灭鼠而被引进到这些地方的猫。比如 1983 年，濑户内海的日振岛上猫的数量增长过快，难以应对的居民就请县厅帮忙捕获、驱除它们。但事实上，20 多年前，因为梯田上的红薯地、小麦地里发生了严重的鼠害，岛民们发起了"万只幼猫动员活动"，为每只猫支付了 20 日元礼金才从爱媛县内各地征集到了猫，而 80 年代成为社会问题的猫就是它们的后代。当时在宇和岛市，市长、市民和儿童们齐聚在三所小学的操场上，为送去岛上的猫举办了猫的"出征仪式"。在 1959~1961 年，共有 4392 只猫被带到了岛上。[87]

然而，这些受到热烈欢迎的猫，毕竟只是宠物，没有捉老鼠的经验，所以在面对岛上那些大老鼠时毫无招架之力，反而有不少猫因误食杀鼠剂而死亡。结果没过多久就到了经济高速增长时期，岛民们放弃了岛上的大片梯田，前往城里工作，老鼠的数量也随之减少。[88] 徒留数量越来越多的猫，为岛民所嫌弃。

猫的登记制度

同样被流浪猫困扰的长崎县西彼大岛（大岛町）则制定了猫的登记制度，将没有登记在册的猫一律当作流浪猫来处理。长崎大学医学部在得知了这个计划后，询问能否用这些捕获的猫作为解剖学

图 35 万只幼猫动员活动和猫的"出征仪式"(《朝日俱乐部》,1961 年 6 月 30 日)

的教材，并得到了允许。[89] 其实猫的登记制度早在 1976 年（昭和 51 年）就在静冈县岛田市开始实施，之后很多自治体也相继导入该制度，如静冈县藤枝市、烧津市、三岛市、冈部町，神奈川县横滨市、厚木市、箱根町，以及京都府瑞穗町等。但是，在岛田市，1980 年市政厅收到的投诉为 34 件，到了 1982 年则突破了 80 件，登记制度实施之后，投诉反而增加了。当时的报纸指出，"猫可不会突然变坏，一定是居民的'容忍度'下降了"，因此"很同情市政厅和猫"。[90]

反对对猫实施安乐死的声音高涨

在这种情况下，对行政机构实施安乐死持反对意见的动物保护组织不断增加。正如前面所说，过去很多动物保护组织认为猫的安乐死是必要的恶，它们中的一部分甚至参与实施或提供中介服务，以至于有人说"历史久远的动物保护组织，没有一家不沾染着动物的鲜血"。到了 1988 年（昭和 63 年），某动物保护组织向东京都提交的请愿书里写着"停用大批量杀死动物的设施，改为由兽医来实施安乐死"。对此，一个动物保护团体表示抗议，认为允许安乐死本身就不合理。最终，被抗议的组织承认的确不应该那么写。[91]

从那时候开始，越来越多的新的动物保护组织和活动家认为安乐死不人道，批判那些长久以来容忍安乐死的旧团体，导致观念落后的团体逐渐变少。进入 21 世纪后，实现"零安乐死"成为动物保护运动的主流。然而，日本内阁府于2010年（平成22年）进行的"有关动物保护的民意调查"显示，认为有必要实施动物安乐死的人仍占55.8%，而反对者仅占29.3%，两者之间的差距很大。和24年前（1986年）总理府实施的同名调查相比，当时认为有必要或不得已的人占70.7%，认为不应该这么做的人占20.1%，尽管反对者的比例有所增加，但认为动物安乐死不可避免的人仍占多数。不过，2020年1月，一家民营企业通过网络调查发现，反对动物安乐死的人占64.8%，超过了半数，而支持的人仅占9.1%，回答不确定的人占24%。[92] 因为调查方法不同，所以我们不能单纯地将之做对比，但至少可以看出，在网络上，动物安乐死反对派的人数大幅增加。

避孕、阉割推广运动

为了防止被遗弃的猫增加，减少猫的安乐死案例，战后不久就有人呼吁推广对猫实施避孕和阉割手术。但有人认为这么做违背自然规律，猫很可怜，表示强烈反对，也有人担心会出医疗事故，因此猫的绝育手术迟迟未能普及。1979年总理府进行的"有关动物保护的民意调查"显示，只有10.7%的主人给猫做了绝育手术（图36）。

1975年10月19日，《朝日》上刊登了一篇题为《只会叹气喵：避孕、阉割后失去活力的猫》的报道，介绍了诗人白石和子的观点："说是为了猫，终究还是出于人类的利己心。"连日本动物爱护协会附属医院的院长也认为，"从生理角度来看，的确不做手术为好，（中

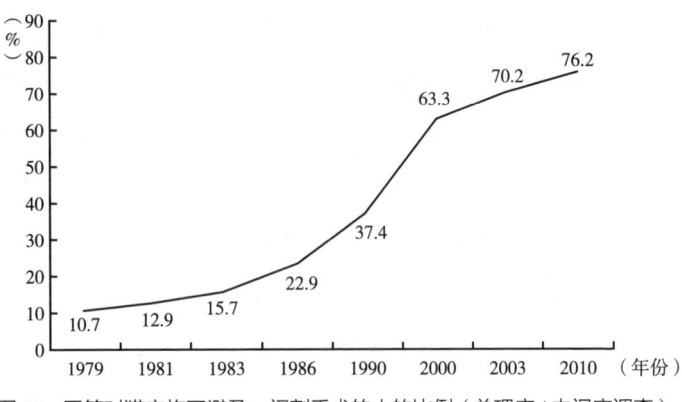

图 36　回答对猫实施了避孕、阉割手术的人的比例（总理府／内阁府调查）

略）但是为了在城市里过上幸福的生活，别无选择"。1986 年，在以首都圈内 200 名爱猫人士为对象的一项问卷调查里，半数以上的人回答"遵从自然规律，不会采取特别的对策"。[93]

针对这种情况，动物保护组织通过报道安乐死和动物实验的实际情况，来强调对猫实施避孕、阉割手术的必要性。同时，他们认为手术费用高也是绝育手术难以普及的一个原因，于是开始为饲主提供金钱补助，并帮忙介绍价格低廉的兽医。此外，动物保护组织还和行政部门协商，成功地从一些自治体那里获得了补助金。比如大阪府早在 1979 年就把 11 月设定为"猫狗避孕手术奖励月"，并为每只猫提供 2000 日元的补贴。顺带一提，当时的手术费用大约为 1 万 2000 日元。[94]

此后，特别是在 20 世纪 80 年代末到 90 年代初，全国各地施行类似政策的自治体层出不穷。在东京市区，1987 年，世田谷区最先导入了补助金制度；1991年，文京区成为全国第一个全额负担流浪猫绝育手术费用的自治体。[95] 后来，尽管泡沫经济破裂后地方税收下降，在90年代之后取消补助金或减少补助额度的自治体有所增加，但也有不少地方创设了新的制度。到今天为止，很多自治体都在坚持实行这些补助制度，使让宠物进行手术的饲主持续增加。2010年的调查显示，有76.2%的主人让猫进行了避孕、阉割手术。地方行政部门起初是因为市民投诉才介入猫的问题，但从这个时候开始，所采取的措施已不再仅限于回应那些投诉，而朝着增进猫本身福利的方向发展。

3 作为"社会成员"的猫

宠物的灾害救援活动

从1990年（平成2年）前后开始，动物保护组织和行政部门之间的合作得到了迅速发展。起初，很多自治体迫于《动物保护管理法》的规定和市民日益增加的投诉，不得不开始实施动物安乐死。尽管出于工作需要，但还是有很多负责这些事务的员工受到了严重的精神折磨。在地方公务员里，本来就有不少喜欢猫乃至喜欢动物的人，受到"猫热潮""宠物热潮"的影响，这样的人逐渐增加；另外，虽然投诉并没有减少，但希望行政部门善待动物的意见变多了。在这样的背景下，有些自治体开始和动物保护组织合作，开展动物保护思想的普及和教育工作，还为收留的宠物举办认养大会。

行政部门和动物保护组织的合作之中，最值得一提的就是灾害救援活动。一般认为，灾害时救助宠物正式开始于1995年的阪神淡路大地震，但其实还有一段前史。1985年（昭和60年）伊豆大岛的三原山火山爆发，该不该救助宠物的问题首次得到了世人的关注。当时，1万多名岛民全部被疏散到了岛外，但很多动物被留在了岛上。上岛取材的媒体报道了这个事实之后，各种媒体上出现了种种议论，有人认为应该把动物也撤走，有人认为带着动物避难会给别人添麻烦，丢下它们也是无可奈何。[96] 保健所和消防员负责照顾被留下的宠物，还救助了一些受灾的动物，但很多人批评说现在不是关心动物的时候。甚至有家电视台在节目里用直升机救了狗之后，收到大量批评，最后不得不向公众谢罪。发生灾害时，有人开始关注动物的存在，这有着划时代的意义。但在当时，很多人都认为当人类面临困难时不应该顾及动物，也有动物因此丧命。

5年后的1990年，长崎的云仙普贤岳开始喷火，到了第二年喷发了大规模的火山碎屑流，酿成了惨祸。当时，人们开始救助被留在警戒区里的猫和狗。带头的是一位来自爱知县的上班族，本地的动物爱好者随即响应，成立了"云仙受灾动物救助会"，不但收留了那些猫狗，还帮它们寻找新的主人。[97] 这是第一个为救助动物而设立的组织，同时，自治体、兽医协会、动物保护组织之间也互相沟通，合力展开行动。但是，还没有发展到由行政部门牵头设置救援指挥中心的地步。而且，由于经验不足，一些团体尚未得到饲主许可就擅自为宠物找新主人，由此引发了冲突。

以阪神淡路大地震为突破口

1995年（平成7年）1月17日，以兵库县南部为中心发生了大地震。这时候，行政部门、兽医协会和动物保护组织相互协作，首次开展了大规模且有组织的动物救援活动。受灾地区大约养了10.7万只猫和8万条狗，据推算，大约有5000只猫、4300条狗与主人失散或负伤。

地震刚发生的时候，说实话，的确顾不上动物。但过了两天，也就是1月19日，动物救援工作就拉开了帷幕，西宫戎神社前搭起了救助动物的帐篷。20日，在总理府的指导下，和动物相关的11个团体组成了"兵库县南部地震动物救援东京指挥中心"，21日又在兵库县兽医协会里设置了"兵库县南部地震动物救援总部"。之后，还设置了神户动物爱护中心和三田动物救护中心，在收容那些被救助的动物的同时帮它们寻找领养人。前者收容了1088只受灾动物（其中猫292只），后者则收容了460只（其中猫210只），约有2/3的动物找到了新的饲主。此外，当时人类使用的避难所中，有80%的避难所允许饲养宠物。根据救援总部的记录，56个避难所中，只有3个避难所发生了与宠物相关的冲突，5个避难所的投诉被提交给总部，而其他48个避难所没有出现明显的问题。不过，需要注意的是，在地震发生的一个月后，仍然有57.5%的猫被留在倒塌的房屋里，跟着主人一起来到避难所的只占 25.5%。[98]但这可能是因为当时没有人会把猫拴着养，很多主人怕猫在陌生的环境下容易积累压力而逃跑，所以特地把它们养在家里，每天回去照顾它们。

根据日本宠物协会的调查，大多数人认为避难所里人和宠物能和平相处，12.5% 的人认为"领导和负责人处理得很好"，73.2% 的人表示"虽然存在一些不满，但没有出现明显的问题"。有些避难所里一开始确实出现过反对意见，其中有两个避难所借用的是学校的设施，校长通过校内广播呼吁，"这些动物是和人类一起在大地震里幸存下来的生命，让我们放下歧视，珍惜它们"，以此为契机，情况得到了改善。[99]地震发生后两个月，用于动物救助的捐款总额达到了 13150 万日元，截至 1996 年 10 月，总计为 26479 万日元。参与救护活动的志愿者达到了 21769 人。[100]回想起三原山火山爆发的时候，很多人认为不应该救助动物，两相对比，可以说情况发生了显著变化。

此后，每当发生大规模灾害时，行政部门、兽医协会和动物保护组织都会通力合作，对动物进行救援。基于阪神淡路大地震的经验，日本动物爱护协会、日本动物福利协会、日本宠物协会、日本动物保护管理协会和日本兽医协会于 1996 年设立了紧急灾害时动物救援总部，建立了救助受灾动物的组织体系。该救援总部在后来的有珠山火山喷发（2000 年 3 月）、三宅岛火山喷发（2000 年 6 月）、新潟县中越地震（2007 年 7 月）、东日本大地震（2011 年 3 月）等灾害中，都参与了受灾动物的救助活动。不过，东日本大地震的时候，由于参加救助的动物保护组织的数量增加，在捐款的用途和组织运营上出现了一些纷争。

尽管如此，行政部门、兽医协会、动物保护组织的合作关系仍在继续。2013 年 6 月，环境省自然环境局总务课动物爱护管理室制定了《灾害时宠物救助对策指南》，2016 年 4 月熊本地震时也在当地设置了动物救助总部，而且，基于当时出现的冲突和问题点，2018 年将上述指南修改为《人和宠物的灾害对策指南》。如今，书店里也陈列着很多相关的书籍，在灾害时对宠物进行保护，已逐渐成为一种常识。虽然需要解决的问题还有很多，但哪怕在灾情之下也应该救助猫，这一观念的形成意味着猫已经成为人类社会的一员。

猫的寿命增加

室内养猫逐渐普及，被当作"家人"善待的猫逐渐增加，导致长寿的猫越来越多。战前，1927 年（昭和 2 年）的一篇文章把 5 岁的猫称为"老猫"，认为"猫的 5 岁相当于人类的 50 岁或 60 岁"。[101] 木村庄八也在 1952 年写道："以我的经验，'10 年'是猫的大限（中略），到了五六岁的时候除了犬齿外的牙齿都会脱落，就像是老天爷的死刑宣言，告诉你寿命不多了。然后猫的消化能力变弱，肌肉和皮肤变得僵硬，不再闹腾，在平静之中逐渐离去。"[102] 1958 年，井伊义勇在《猫》里也提到："7 岁、10 岁之类已经算是长寿，大多数的猫 3 岁左右就会消失，或者死去。"[103]

但是经济高速增长时期结束之后，1986 年，永野忠一认为猫的老化迹象通常出现在 10 岁左右，[104] 这说明猫的老年期后延了。林谷秀树等人研究发现，1981~1982 年埋葬在动物陵园的猫，平均寿命为 4.2 岁，[104] 之后使用动物医院的死亡数据计算得出，猫的平均寿命在 1983 年为 4.3 岁，1990 年为 5.1 岁，1994 年为 6.7 岁，2002 年为 9.9 岁，2014 年为 11.9 岁，从 20 世纪 90 年代开始急剧增加（图 37）。[106]

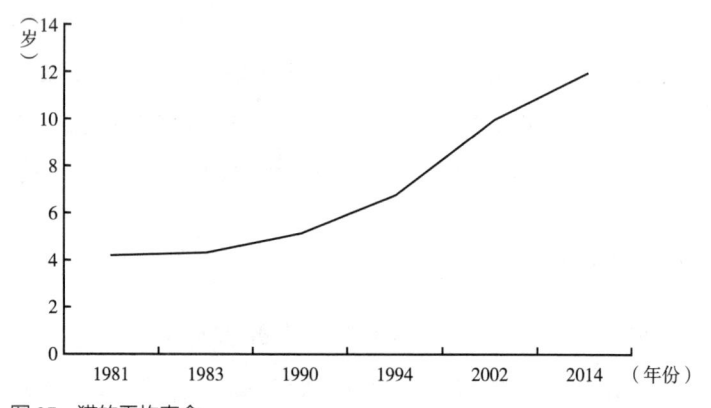

图 37 猫的平均寿命
资料来源：林谷秀树的论文（参见书后注释）

在猫寿命较短的时代，它们的死因主要有和其他猫打架而负伤，被狗或人类施暴，由杀鼠剂、杀虫剂等引起的食物中毒等。因此可以认为，室内养猫的普及给猫的长寿化带来了很大的影响。此外，从 20 世纪 70 年代后期开始，在诊疗猫狗的医院里任职的兽医数量大幅增加（图 38）。动物医院、兽医的增多，兽

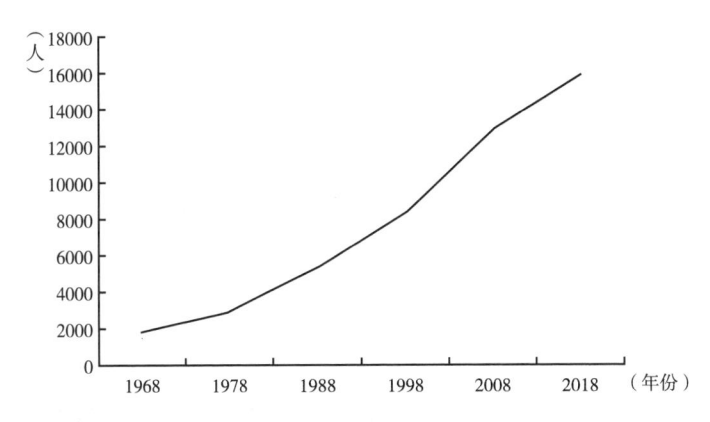

图 38　以猫狗为对象的个人诊所里任职的兽医人数
资料来源：根据农林水产省《家畜卫生统计》《兽医登记情况》制成

医学的进步，愿意带猫去看病的饲主增加，也是让猫寿命延长的因素。

猫科医学的进步

战前，相比于狗、牛、马等动物，以猫为对象的诊疗或研究所占的比例并不高。从 1928 年（昭和 3 年）到 1943 年，《应用兽医学杂志》上共发表了 129 篇有关猫狗疾病的论文，总共提到了 298 例有病历记录的案例，其中狗为 279 例，而猫只有 19 例。[107]

即便到了战后，直到 20 世纪 60 年代，狗的诊疗数仍然占据绝对优势。人们普遍认为"以前所谓动物医院，基本上就是带狗去看病的地方""猫的病治不好""只要猫生了病，或者离开了，主人就只能死心"。不过据说，在动物爱护协会附属医院，大约从 1972 年开始猫和狗的诊疗数就已经对半开，之后猫的诊疗数逐渐增加。[108]

"只要猫生了病，主人就只能死心"的代表案例就是"猫泛白细胞减少症"。在战后不久的1947~1948年，这种疾病首次大范围流行。起先，报纸上大肆报道在全国范围内猫接二连三地得了"怪病"死去。过了不久，人们终于明白这是由细小病毒导致的猫泛白细胞减少症。其实在昭和战前时期，该疾病在日本已经出现，但似乎没有像战后那样流行过。

在战后一段时间之内，这种疾病经常被称为猫的"传染性肠炎"或"猫瘟热"。"猫瘟热"的叫法来自狗瘟热，由此可见，当时的宠物医学还是以狗为中心的（欧美早在20世纪30年代末就已经认识到这种疾病和瘟病、肠炎的区别，所以采用了"猫泛白细胞减少症"这个名字）。在日本，战后很多年也没有用日语写的猫医学书。第一本有关猫的综合性医学书是1967年日本兽医协会出版的《猫的内科学和外科学》，由E. J. 卡特科特（E.J.Catcott）编写、幡谷正明和石田葵一翻译。在此后的很长一段时间里，这本书都是最为详尽的日语猫医学书。

即便如此，随着养猫人群的扩大，从20世纪60年代开始，出现了针对猫泛白细胞减少症的疫苗，兽医的数量也有所增加，猫的医学研究逐渐兴起。到了20世纪70年代中期，猫的病理研究得到了发展，猫淋巴瘤、肥大细胞瘤、病毒性鼻气管炎、糖尿病等很多今天的常见病在日本首次被确诊。20世纪70年代末期，出现了弓形虫病、病毒性呼吸道疾病，猫传染性腹膜炎（FIP）、先天性心脏畸形等病例报告，20世纪80年代，又确诊了子宫蓄脓症、猫白血病病毒（FeLV）感染等疾病，为日本的猫科医学奠定了基础。[109] 截至2014年，猫的疫苗接种率为54%，从1990年到2014年，死于感染症的猫从25%下降为12%。[110] 虽然没有以前的数据，但有"以前猫极易患肠炎，有六七成的猫到了三四岁就会出现严重的腹泻，一命呜呼"的说法。[111] 从经济高速增长时期开始，疫苗得到了普及，这类疾病大为减少。

医疗水平的提高，自然会导致医疗费用的增加。为此，出现了提供健康保险服务的团体。20世纪70年代中期，该行业刚起步的时候，相关团体采用会员制，主人支付会费后就能让猫在指定的兽医那里以低廉的价格就诊。到了1994年底，出现了宠物住院共济制度，后来扩展为健康共济制度。2005年7月修订的《保险业法》不再承认没有官方认可的共济团体，因此共济制度转变为保险制度。现在有十几家保险公司提供宠物保险，但参保率至今不到10%（需要注意的是，不同机构的调查结果并不相同，正确的参保率仍不得而知），并不算高。虽然会给宠物打疫苗，但不带它们去看病的主人还很多，不同的饲主，在医疗上花的费用有着很大差异。

在"猫热潮"和抱怨的夹缝之间

如上所述，猫科医学的发展使猫的寿命延长，但这仅限于宠物猫，流浪猫并没有从中受益。虽然没有可靠的统计数据，但据说即便在今天，流浪猫的寿命也只有大约4年。从这个意义上说，宠物猫和流浪猫之间的差距反而变大了。

随着"猫热潮"中爱猫的人增多，越来越多的人开始给流浪猫喂食。如今在日本街头，经常可以看到有人把装有水的矿泉水瓶放在电线杆或墙边，用来阻止猫靠近。[①]这种矿泉水瓶开始大量出现是在1994年（平成6年）前后。换言之，有些人希望通过实施绝育手术等手段，让猫逐渐成为人类社会的一员，同时也有人对给流浪猫喂食等行为觉得不快，双方的冲突由此而生。

比如1993年的《朝日》就报道了以下事例。有一只流浪猫定居在了丰岛区东长崎一家小酒吧和一家休业的居酒屋之间的小巷里，不久后，这只猫生下了小猫，于是小酒吧的客人和附近的居民（约30人）筹集了资金，给4只小猫做了绝育手术。但母猫不知不觉之间就失去了踪影，过了几天，小猫们聚集的地方被喷洒了类似消毒液的东西，导致它们不停分泌眼屎，眼前像被盖了一层膜，非常痛苦。之后接连好几天，都有人来喷洒药物。一天，给小猫喂食的人突然听到住在附近的人破口大骂"别在这里喂食""臭死了"。他哭着向那人解释这股臭味并不来源于猫，"抱歉，但请听我解释"，"实际上是隔壁休业的居酒屋里有腐烂的东西"。喷洒药物的人这才罢休。[112]

就算给猫做了绝育手术，对猫印象不好的人，只要看到猫还是会觉得不快。这一事例表明，要让猫在人类的社区里生存，主人必须和周围居民进行沟通，获得他们的理解。

---

① 有人认为猫讨厌水面的反光，但实际上并没有效果。

"社区猫"活动的出现和普及

在这样的背景下，由行政部门牵线，促进爱猫人士和社区其他人之间交流的"社区猫"活动诞生了。该活动始于 1997 年（平成 9 年）的横滨市矶子区。由于 1994 年前后和猫相关的投诉增多，矶子区在 1997 年推出了"防止流浪猫对策项目"。他们多次开展问卷调查和举行有居民参与的对策研讨会，促进居民之间对话沟通。他们认为，流浪猫之所以会弄乱垃圾堆或偷食，是因为没有足够的食物，只要人类按时给它们喂食，它们的行为模式就会发生改变，品行也会变好。基于这样的想法，他们制定了一系列的规则，比如为流浪猫绝育，在固定的地方设置喂食点和猫厕所并定期打扫，在项圈上或别的地方做标记等，并呼吁区内 171 个自治会协助这项工作，在不增加流浪猫数量的前提下，努力实现猫与人类和平共处的社区建设。[113]

矶子区的成功案例被传到其他地区，随后东京都新宿区、世田谷区，横滨市港南区、都筑区，埼玉县和光市等地也开始了同样的尝试。当时恰逢互联网开始普及，以 1997 年 5 月开设的"帮助猫"网站为首，很多网站相继出现，提供有关"社区猫"的咨询服务，教人们怎么建立社群，传播了相关的信息，使"社区猫"活动扩展到了全国各地。[114]

和被视为"家人"好生对待的宠物不同，流浪猫不但生活环境恶劣，万一数量过多还会被带去自治体，要不被处以安乐死，要不

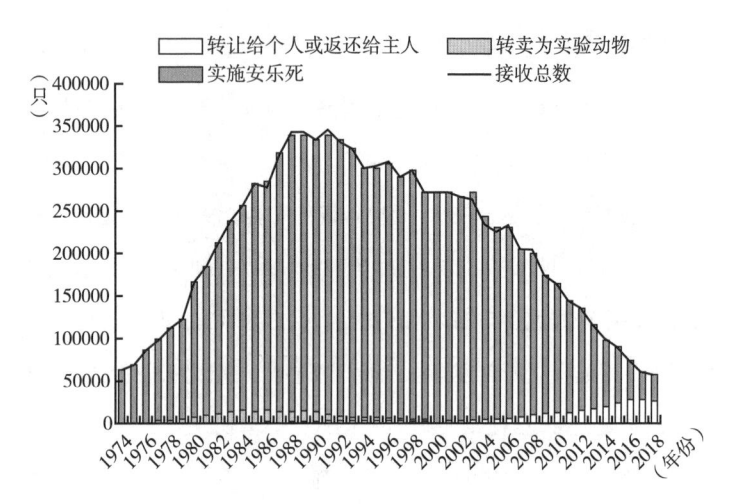

图 39　由自治体接收、转卖/转让、实施安乐死的猫的数量
资料来源：环境省《动物爱护管理行政事务提要》

被送去实验室。但随着"社区猫"活动的普及，自治体接收猫的标准更为严格，越来越多的自治体会和爱猫团体一起帮被遗弃的猫寻找新主人。就这样，被处以安乐死的猫逐渐减少。此外，以前很多猫会被自治体转卖给大学或研究机构，但迫于社会上的批评，从20世纪90年代开始，拒绝转卖的自治体增加。2005年《爱护及管理动物的相关法律》修订后，这类转卖被正式禁止。但是，动物实验本身并没有被禁止，直到今天，使用猫的实验仍在继续进行。

网络上的猫和国芳的复兴

前面提到在"社区猫"活动的普及过程中，互联网也起了一定的作用。其实，互联网的出现使持续已久的"猫热潮"产生了新的变化。

其中一个变化在于，此前的"猫热潮"主要关注猫的"可爱"，但网络上除了纯粹的可爱外，更注重猫的"有趣"。其实这样的变化在互联网出现之前的杂志上就已经初现征兆。比如，杂志《猫的手账》在 1982 年（昭和 57 年）开设了读者照片投稿栏，大获好评，不但增加了发行量，还利用这些照片发售了好几本摄影集。从 20 世纪 90 年代末开始，随着数码相机的普及，这股潮流在互联网上迅速得到了发展。同时，匿名论坛"2ch"里诞生了文本图形角色"莫纳"和"吉口"，用文字构成的猫模拟人的表情和动作并加上各种对白，追求搞笑的效果。比起单纯可爱的画像来，这些带有趣味性和滑稽感的作品更受欢迎，且更容易传播。2008 年前后，"猫锅"即猫团着身体钻进锅里的动画、照片成为热点，而这一现象起源于视频网站"niconico 动画"。

如上所述，随着体态放松的猫、有趣的猫、丑猫等图像、动画出现，越来越多的人开始以这些"好笑且可爱"的图像、动画为乐。因为猫的动作很快，以前如果没有昂贵的相机，人们就无法捕捉到有趣的瞬间。但随着数码相机性能的提高，以及利用这些技术的智能手机的普及，人们可以轻松地拍摄日常生活中猫的有趣场面。这些图像最早通过论坛，后来通过社交媒体传播开来。像这样把猫的可爱和趣味性、滑稽感相结合的手法和江户时代歌川国芳画猫的手法有相通之处。在猫的图片在互联网上走红的同时，国芳那

第六章　现代猫生活的建立：经济高速增长时期结束之后　223

些画猫的浮世绘也被世人重新关注，多场画展举办，这恐怕不是偶然。在20世纪90年代之前，杂志或书籍方面有关猫画的特辑里，国芳的画不过是众多作品中的一幅，有时候甚至会被忽视。但从21世纪10年代开始，说到猫的绘画，首先被提及的就是国芳的作品。

20世纪90年代，"猫热潮"和小型"犬热潮"合流，成了"宠物热潮"，但随着互联网的普及，"猫热潮"这个词语再次出现。和狗相比，猫的身体更柔软，动作更灵活，更容易被捕捉到有趣的姿态和表情，更契合互联网这个新的媒体。这些都是网络时代里"猫热潮"再度兴起的背景。

从"猫热潮"到"史无前例的猫热潮"

互联网上的"猫热潮"刚出现的时候，杂志界也掀起了"猫热潮"。21世纪00年代前期，《猫日和》、Neko①、《猫 Chat Vert》、《猫丸》、《猫俱乐部》及《猫的心情》[115]等和猫相关的杂志如雨后春笋般出现，书店的杂志区放眼望去满是猫的身影。此外，一些综合杂志也开始做猫的专题，定制型的小报《月刊猫友新闻》也从2010年开始发售。从21世纪00年代中期开始，关于猫的漫画杂志也陆续出版发行。比如《猫尾巴》、《猫罐》、《猫拳》、《猫珠》、《猫的哈欠》、《猫旋律！》、《猫友》及《猫Q》[116]等。同时，岩合光昭的摄影集本

---

① 和前面提到的日本猫会会刊 Neko 虽然名称一样，但不是同一本杂志。

来就很受欢迎，但进入21世纪10年代后，他拍摄的猫突然人气爆发，电视节目《岩合光昭的世界猫咪散步》（2012年首播）也成了热门节目。

21世纪00年代后期，猫主题咖啡馆成为新的热点。世界上最早的猫主题咖啡馆是1998年在中国台北市开业的"猫花园"，受这家店的启发，2004年大阪出现了日本首家猫主题咖啡馆"猫的时间"。此后，日本各地陆续开设了这样的咖啡馆，迅速发展为一股热潮。

互联网的普及加快了信息传播的速度，实现了以往猫杂志的读者投稿栏难以做到的信息双向交流。爱猫人士互相分享信息，使各地的招牌猫、猫岛等与猫有关的景点成为人们关注的焦点。比如，和歌山电铁贵志川线的"小玉站长"最初因为电视台播出了它的就职仪式（2007年）而成名，但后来，互联网上的信息传播使其吸引了大量来自海外的游客。如果仅仅依靠电视媒体，"小玉站长"恐怕不会有如此高的知名度。其他包括会津铁道芦之牧温泉站的"巴士站长"（2008年就任"名誉站长"）在内的各地招牌猫、和猫相关的历史遗迹，以及所谓的"猫岛"的相关信息都被分享在互联网上，以猫为卖点的旅游景点不断增加。像这样，从21世纪10年代开始，"史无前例的猫热潮"这个词时不时被提起。大约从2015年开始，一些人还模仿当时安倍晋三内阁主导的经济政策——"安倍经济学"，创造了"猫经济学"一词。猫的经济效益也成为热门话题。

"史无前例的猫热潮"的背景

这场"史无前例的猫热潮"可以说是在各种媒体的互相作用之下产生的滚雪球效应。其中互联网的作用尤为重要。其实以前也有过类似"小玉站长"的招牌猫。比如在20世纪90年代前期，千叶市京成幕张站就有过一只名叫"小白"的猫站长。它也戴着站长的帽子，可以说是"小玉站长"的前辈。"小白"虽然在当地很受欢迎，但在当时没有互联网的情况下，这一信息无法传播到全国。除非被电视报道，否则这样的猫很难在全国范围内出名。更何况，电视节目或报纸报道通常只有一次，热度难以持续，而网络上的报道会长久存在，随时可供阅览。看到这些信息之后去了现场的人，又会把照片和文章放到网络上，使得好评进一步扩散。此外，由于网络上有好几个爱猫人士的专用社区，信息更容易被传播。正是由于以上因素，"史无前例的猫热潮"才会出现并持续。

这场"史无前例的猫热潮"还有一个背景在于城市里猫的数量有所减少。经历了泡沫经济时代的房地产开发和之后的再开发，大城市里独栋住宅减少，公寓楼和办公楼增加，道路也被拓宽。城市就如同大量车流包围下的混凝土森林，在这样的环境里，猫的数量开始减少。以前，住宅区里到处可见猫的踪影，所以人们没必要特地去"猫岛"或猫主题咖啡馆。当城市里的猫变少之后，人类也随之出现了新的行动模式，为了见猫，才特地去那些有猫的景点。

2017年，宠物食品协会进行的"全国猫狗饲养实况调查"表明，猫的饲养数为953万只，超过了狗的892万只，成为热门话题。[117] 其原因不仅在于猫受欢迎，还在于养狗需要一定的空间，主人要按时带它们去散步，而公寓楼的增加和双职工家庭的增加使具备养狗条件的人减少。此外，在1975~1980年，核心家庭的数量达到顶峰，此后开始下滑，独居者随之增多。核心家庭的成员结构也发生了变化，夫妻和子女的家庭比例在20世纪70年代中期达到顶峰后逐渐减少，丁克家庭的比例增加。到了2010年，丁克家庭占19.8%，独居者占32.4%。[118] 对这些成员数较少的家庭而言，不需要外出散步且容易照顾的猫更适合成为"家人"。

猫杂志的变化

另外，互联网的普及也导致了猫杂志的发行量减少。战后第一份商业猫杂志《猫生活》的后身 CATS 从2007年（平成19年）起改名为《猫生活》①，改为双月刊，2014年停刊。曾是猫杂志界代表的《猫的手账》也于2008年休刊，尽管后来推出了手机App"猫的手账移动版"，但该App在2012年也停止了服务。当然，发行量下降的并不仅限于猫杂志，自互联网成为信息交流的主要途径之后，人们对杂志的购买需求减少。曾在20世纪90年代风靡一时的《猫的手账》，在21世纪00年代先是受到竞争杂志的冲击，而后因为其标榜平民派，重视读者投稿，而这些功能在网络上更容易被替代，

---

① 1984年前《猫生活》刊名使用片假名，此时虽与从前同名，但使用汉字。

所以在互联网时代首先受到了打击。

在这种情况下，杂志社开始努力探索新的生存方式。例如，《猫日和》杂志上刊登的多是"自然"行走于街头的猫的照片，符合网络时代人们的口味，这些照片由岩合光昭等专业摄影师拍摄后高清印刷，所以和网络上的照片有所区别。该杂志由此成为21世纪10年代最受欢迎的猫杂志。另外，不在书店上架，仅通过定期订购、快递上门的方式发售的《猫的心情》会附送很多猫喜欢的玩具或和猫相关的商品，借此维持住了人气。杂志Neko近年收录了很多明星和猫的逸事，封面也是这些名人和猫的合影，营造出时尚杂志的氛围。仅在九州和山口县销售的宠物杂志《犬吉猫吉》提供了很多全国版杂志无法提供的地方上的详细信息，还有很多读者可以参加的栏目。作为地方性杂志的《犬吉猫吉》的编辑部和读者的距离较近，吸引了读者的兴趣。

像这样，现存的纸质杂志都在想办法打造有别于互联网媒体的特色，从而获得一定的读者群。尽管如此，不可否认的是，过去几乎都是月刊的猫杂志，如今多改为双月刊或季刊，发行量也呈下降趋势。

虐猫事件和《动物保护管理法》的修订

互联网的普及同时也为虐待动物的人提供了聚集之地。在21世纪00年代，备受欢迎的匿名论坛"2ch"的宠物爱好者专版上频繁出现虐待动物的留言，扰乱了正常的讨论秩序。为了把这些人区分开来，管理人员特地设置了适合不喜欢宠物者的版面，结果反而导致了这些人变本加厉，很多人开始炫耀自己虐待动物的经历。尤其在 2002 年（平成 14 年）5 月，名叫"迪尔旺加"①的用户实时发布了自己虐猫的过程，此为"福冈虐猫事件"，引发社会震动。随后，一个由私人侦探运营的网站以某种方式获取了此人的个人信息并在互联网上公开，在市民们的强烈要求下，福冈县警逮捕了此人。事件发生后，惨遭毒手的幼猫被命名为"小源太"，人们为它设立了网站，出版了书籍，还进行了在线请愿活动，要求法院从严判决。此前，虐待动物属于轻罪，虐待动物的人往往不会被起诉，但在舆论的压力下，此人被判处了 6 个月的有期徒刑，缓期执行 3 年。

其实在该事件发生的一年半以前，1973 年制定的《动物保护管理法》时隔 26 年首次被修订。新的法律改名为《爱护及管理动物的相关法律》（即前文简称的《动物爱护管理法》），针对杀伤动物这一条罪名，将原先仅限于罚款的量刑更改为可以判处有期徒刑（一年以下的有期徒刑或 100 万日元以下的罚款），而对虐待、遗弃动物的人处以 30 万日元以下的罚款。福冈虐猫事件发生后，很多人认为量刑还是过轻。由于该法律中有每过 5 年就可以修订的规定，因此在 2005 年、2012 年和 2019 年进行了修订，每一次，和虐待动物有关的处罚规定都变得更为严厉。目前，杀伤动物的有期徒刑最高为 5 年，罚款的上限为 500 万日元，虐待、遗弃动物的量刑为 1 年以下

---

① 取自二战时德国纳粹军官奥斯卡·迪尔旺加（Oskar Dirlewanger）。

的有期徒刑或100万日元以下的罚款。

除了加大对虐待动物行为的处罚力度外，国家还对此前放任自流的宠物行业加强了监管。1999年修订法律时设立了商家自愿注册制度，2005年将之改为强制登记制度。此外，2012年的修订中规定，商家对卖不出去的猫狗负有终身饲养义务，而2019年的修订又禁止了商家销售出生56天以内的猫和狗。

至于动物实验，2005年的修订引入了国际3R原则（减轻痛苦、使用替代手段、减少使用数量）。但事实上，至今为止，做到这点仍需靠相关单位的自觉，因此近年来，很多人呼吁导入由第三方进行监督的制度。

前面提到过，近年行政部门已经在朝着"零安乐死"的方向努力，而法律的修订也从根本上推动了这一趋势。2005年的修订允许都道府县委托动物保护团体接收被遗弃的猫狗并为它们寻找新的主人，此后，很多自治体开始导入有偿接收遗弃宠物制度，大大减少了行政部门接收宠物的数量，到了2012年，自治体必须接收猫狗这一义务也被废除。另外，大概从2008年开始，饲养过多导致饲养崩溃的现象被各类媒体曝光，因此在2012年修订后的法律规定，行政部门可以对饲养过多宠物的主人提出劝告或命令其改正。2019年的修订还规定，必须在猫狗身上植入录有主人信息的微型芯片。

通过上述法律修订和行政部门、动物保护组织的努力，自治体接收、实施安乐死的猫数量大幅减少。总理府和环境厅的调查显示，两者的数值在1991年达到峰值之后，接收的总数从34万3642

只下降到 2019 年的 53342 只（为最大值的 15.5%），而实施安乐死的数量则从 333457 只下降到 2019 年的 27108 只（为最大值的 8.1%，图 39）。此外，有 25941 只猫被转让给了普通人或返还给了主人，占接收总数的比例已经上升到了 48.6%，但还是有一半以上的猫被处以安乐死。而且，问题没有只要实现了"零安乐死"就好那么简单，问题在于好不容易获得生命的动物，它们的生活质量如何才能得到保证。况且还有人指出，由行政部门实施安乐死的猫数的确有所减少，但不良企业经手的"暗中处理"的猫数在增加。行政部门的退出，导致了处理被遗弃动物的专业公司登场，对一些恶德商人而言，所谓的"终身饲养"就是让动物在恶劣的环境里等死。

"猫的现代"和未来

由于篇幅限制，这里无法就与养猫相关的其他问题展开进一步的叙述。但人类社会对猫的态度，无疑在朝着将它们的福利放在第一位的方向发展。有一位从战前开始连续养猫 50 年的人在 1988 年回顾说，"过去狗和猫之间有着天壤之别，人们认为狗是聪明而忠诚的动物，猫则本性恶劣"，"喜欢猫的人会被当作怪胎，受到歧视"，拿过去的情况和当时的"猫热潮"相比，猫社会地位的提升让他深有感触。[119] 从那之后又过了 30 多年，不知道这位作者看到眼下"史无前例的猫热潮"，会作何感想。

在东日本大地震后的市民运动中，有人手持写着"肉球新党 猫的生活第一"的标语牌出镜，在网络上引起了轰动。尽管这不过是在模仿21世纪00年代后期民主党提出的"国民生活第一"的施政方针（2012年小泽一郎真的组建了叫这个名字的政党），但这张标语牌图片被如此广泛传播，或许一半是因为有趣，一半是因为多少能引发共鸣。事实上，已经开始实践"猫的生活第一"的人确实在增多。比如2017年，建筑杂志《建筑知识》策划了特刊"为猫建的房子"，4万册杂志很快就售罄，特刊不得不被重新编辑为书籍出售。如果我们观察书店里的猫专区，会发现摆着很多类似的书籍，可见真的有很多人以猫为本来规划自己的生活。另外，被养在室内的猫也开始关注人类的行为，如果主人要上班而经常不在家，猫就会过度梳洗（舔毛）以释放压力，很可能引发脱毛症。此外，在宠物去世后，饲主们容易患上宠物丧失症候群也是严重的社会问题，为此已经有了好几本这方面的专著。就这样，猫在很大程度上已经成为人类社会的一员，也成为饲主不可替代的"家人"。经济高速增长时期之后出现的这些变化正是猫的现代得以到来的过程。

但从这个意义上来说，猫的现代化依旧任重道远。因猫而起的冲突无休无止，比如近年，有人指出猫会捕食稀有的野生动物，所以为了防止这种情况应该对猫实施安乐死。类似的难题还有很多，也引发了种种对立。今后，猫和人类究竟该建立起怎样的关系？在思考这个问题的时候，历史上两者关系的变化会成为重要的参考。

俗流的"猫史"书中所谓的"日本人自古爱猫"纯属谎言。总体来看，猫一直被人类根据自己的利益玩弄于股掌之上，遭受了各种各样的磨难。但正如本书所展示的那样，在日本，猫和人类的关系在近现代史中发生了巨大的变化也是不争的事实。猫的问题也是人类社会的问题，人类社会会改变，也是可以被改变的。

那么将来，我们又会经历怎样的变化呢？描绘未来蓝图并不是历史学家的职责，而应该由读者朋友们通过自己的思考、实践来给出答案。

终章
猫的近代 / 猫的现代意味着什么

最后,我想通过回答开篇提出的问题来为本书画上句号:作为反映人类社会的一面镜子,猫的近代、现代究竟意味着什么?

猫的近代,从形象方面来说,是一个猫终于成了猫的时代。换言之,人们终于把猫当成生物来看待。在此之前,人类视猫为妖怪或神明,对它们怀有畏惧心理,但同时,在浮世绘作品或文艺故事里,又会采用拟人手法,把它们描绘得像人类一样,甚至会舞刀弄枪,文人批评猫的时候,也会用忠义等人类的道德准则来衡量它们。但到了明治时代,在"文明开化"的浪潮之中,合理化和科学精神的普及,剥夺了猫的神性、灵性,甚至是"人性"。考虑到妖怪和神明也不过是照着人类的样子想象出来的,猫的这种形象变化意味着所谓猫的近代,就是人们不再赋予猫和人类相同或相近的心性,而将它们作为猫本身来描绘的时代。

近世也有喜欢猫的人,但这些人爱猫的方式随着时代的变化而改变。更重要的是,爱猫的人在整个社会里只占极少数。猫或被画成美女的陪衬,或像国芳的作品那样,被赋予滑稽的意味,如果没有这些附加价值,就很难吸引大众的兴趣。但到了近代,猫作为猫本身成为人们刻画、消费的对象。与此同时,人们逐渐放弃了用人类的道德观来衡量猫,而把它们当作猫本身来怜爱。

但是,近代社会扎根于合理化。它不但追求科学性,还建立了以收益和效率为判断标准的价值体系。也就是说,事物的价值取决于它是否有用。当然近代以前,人们也会计较损益得失,但这种价值观不像近代那么影响深远,深到甚至成为支配人类社会的行动原理。在这样的背景下,当猫能在防疫措施中发挥作用时,人类会鼓励饲养它们,而一旦它们有碍战争的进行或不利于维持社会秩序,人类就会强行夺走它们的生命。尽管在这一时期动物保护的理论已经出现,但其目的不是让动物远离苦难,而更强调对人类的教育作用。既然动物保护立足于是否对人类社会有益这一价值判断标准上,就很容易因为人类社会的变化而被放弃。

猫的现代,诞生于经济高速增长时期结束后的社会中。在追求自身生活富足的同时,越来越多的人把猫作为宠物,最终发展为"猫热潮"。经济高速增长时期里以生产和设备投资为主导的发展模式已到极限,基于信息的新型消费形态应运而生。"猫热潮"正是信息消费规模扩张的产物。书籍、杂志、电视节目,都把猫作为消费对象来宣传,受其影响,消费者之中自然会出现轻易买猫又轻易遗弃猫,也就是所谓"消费"猫的不负责任的饲主。

在这场信息消费带来的"猫热潮"中，有一部分人在和猫相处之后认识到了它们无可取代，改变了至今为止对猫的看法。猫由此从"宠物"变成了"家人"。这种变化不仅出现在个人感情方面，还反映在社会的多个方面。比如，行政部门和动物保护组织会携手谋求动物的福利，灾害时人们会去救助别人养的猫。当初只是为了带动消费的信息，如今成了传达新价值观的媒介，猫逐渐成为应该受到保护的"社会成员"。从家庭的一员变成社会的一员，这个变化是猫的现代的最大特征。同时，这也是一场尚未完成的变革。

猫的现代既是近代的变异，又是近代的延伸。猫粮和猫玩具自不必说，医药品等与猫相关的产品，都诞生于消费社会和合理化的背景下。合理化的更进一步就是管理主义。大家不妨想想，实施避孕、阉割手术，在动物体内植入微型芯片，以及用金钱买卖动物，如果人类的家人被这样对待，我们又会产生怎样的感受？从这个意义来说，猫虽然逐渐成为"家人"，但终究不能和人类相提并论。问题是，我们真的能认为这种管理主义事不关己吗？今后，或许会出现人类也被如此管理的社会。猫的现代，很可能预示了人类的将来，就好像水俣病的时候，猫比人类更早出现症状。

像这样，从管理主义的视角来看，我们也可以这样提问：说到底人们把猫当家人一样对待，是不是为了满足自己的欲望？但这个问题也可以反过来思考，也就是说，即便在管理化和消费社会的背景下，还是有人认为我们应该宠爱猫、保护猫。因此，我们真正该关注的，不是管理或消费里有没有夹杂着人类自身的欲望，而是通过管理和消费最终想要实现的，仅仅是人类的幸福，还是包括了猫的幸福。这才是近代和现代之间不可逾越的鸿沟，不是吗？能认识到自己受着社会体系的制约固然重要，但既然我们和猫离开了这个体系就无法生存，唯一的解决办法就是在环境的制约下，不断进行微调，反复试错，从而提升人类和猫双方的幸福度。

当然，猫不会说人话，我们不能给它们选项，让它们抉择。因此，如果想要同时追求人类和猫的幸福，就必须意识到人类本质上无法理解猫的幸福，不能自以为是，要经常以批判的眼光审视自己的行为是否真正能够让猫、让人类获得幸福，否则就变成一种自我满足。

另外值得注意的是，猫成为"家人"，成为"社会成员"的现象与现实生活中家庭和社会的空洞化互为表里。社会复杂化导致人们无法相信他人，很多人爱猫是因为觉得只有猫才值得信赖。反过来说，别说是大家庭，连核心家庭都开始减少或发生变化，在这样的背景下猫被视作"家人"，绝非偶然。社会和家庭仅由人类构成这一自明之理已经变得模糊，比起素不相识的他人，自己的猫才是无可替代的存在，正是这种精神状态才让猫成为"家人"，成为"社会成员"。或可说，正在变化的"家庭"和"社会"接纳了猫作为其中一员的存在。

现代社会的一个特点是，有些人甚至还没看清对方的脸孔，就陷于封闭的思考之中，以至于很难想象他们和其他人生活在同一个社会里。在考虑猫的问题时也存在着这种隔绝。因此，猫的现代化虽然有所发展,却很难被"完成"。这个过程本身就制造出了新的问题。如果只是个人喜好的问题也就罢了,比如前章最后提到的"野猫"①袭击野生动物的问题,就是典型的案例。

人类对猫的看法是多种多样的,这是贯穿本书的一个视角。正因如此,人与人之间的冲突才会发生。但同时,我们已经看到在历史的长河之中,这些看法会发生变化。我也指出,不应该把古人对猫的看法和现代人对猫的看法直接关联在一起。既然如此,我们也不能用今天的眼光来预测未来。能看到的仅限于眼前,最多只能稍稍放眼未来。

历史证明,人类自己也会发生"改变",因此,不能将自己视为绝对正义。主观上,任何人都有自己的正义,有自己的道理,但客观来看,正是这些正义和道理,容易引发问题。在这种情况下,相互理解和妥协变得更为困难,但也正因如此,理解和妥协才更为重要。从这个意义来说,尽管还有很多问题没有得到解决,近年以"社区猫"活动为代表的种种尝试无疑迈出了重要的一步。

猫的幸福只能通过重新构建人类社会才能实现,而人类的幸福也同样如此。当下紧要的任务是就各种意见进行对话和协调,这才是真正意义上的重新构建民主主义。不管想要得出什么答案,如果不经过这样的过程,"我们"和"它们"(这两个词具体指代的内容可以有变化)都能获得幸福的社会就不可能形成。

---

① 所谓"野猫"和流浪猫、家猫属于同一个物种,但日本一般把有狩猎能力的称为"野猫"。

后 记

小时候，我并不喜欢猫。不知道为什么，总觉得猫是一种"狡猾的动物"。喜欢上猫的契机是有一次和家人一起去茨城的时候遇上一只猫。夜里，和弟弟们出门去抓聚集在路灯下的锹形虫时，有只猫一直跟在我们后面，走了将近两公里。我们担心它会不会被车碾到，它却懂得在车流量大的地方过马路时走斑马线。直到我们捉完虫回去，它都没有离去，还时不时和我们嬉闹。我们管它叫"土左卫门"，对它爱不释手，最后忍不住恳求父亲，"想把它带回家"。但我家住的小区，不允许养猫。这么商量着的时候，土左卫门突然就消失了踪影。这短短几个小时的经历，就让我喜欢上了猫。

离开家独立生活之后，我开始养猫（参见图 33）。我惊讶于它拥有的丰富情感，从未想过它和人类之间竟能有如此多的交流。过了 8 年，当它病逝的时候，好几天，我都泣不成声。连亲戚去世的时候都没怎么哭的我，这时候却不知为何眼泪掉个不停，连自己也感到意外。

我安慰自己，虽然猫已经走了，但作为回忆的一部分它会一直活在我的心里。可是往后，等我也离开这个世界，这份回忆就会随之消失，恐怕再也不会有人记得曾经有过这么一只猫。这不就意味着我和它之间的那些日子就像没发生过一样吗？想到这里，不禁心头一酸。同时又想到，过去，有很多我不知道的猫曾经在这个世界活过，由此萌生了这样的想法，总有一天，要写写有关猫和人类关系的历史。

　　但是，就算有想法，真要付诸实践还需要机缘。2017年，幸得杂志《文艺广播》约稿，我开始写有关"猫史"的文章。然而，查的资料越多，就越觉得猫和人类的历史绝非想象的那么幸福美好。比起那些极少数受名人宠爱的猫，我更想写写"普通猫"走过了怎样的历程。后来，我所任职的大学的职员读了《文艺广播》上的文章，又委托我写一篇有关猫史的短文，并将之刊登在学校的官网上。以上就是写这本书的契机。

　　提笔之后才发现很难。猫和人类的关系多种多样，而且缓慢地发生着变化。有一定的大趋势，必然也存在着特例，没法简单地划分时期。人类对猫的爱憎差异极大，不能一概而论。再怎么取均值，肯定也能找到特例。因此，试图描写"普通猫"的我在写作时遇到了重重困难。但是，在没有先例的情况下，我可以自豪地说，这本书头一次追溯了从近代到现代猫走过的历史。

　　当然，也有很多遗憾。除了猫本身不会说话这个问题外，试图描述"普通猫"的历史，就不可避免地舍弃了真实存在过的每一只猫的个性。从个人经验来说，当第一只猫去世时，我曾以为自己不会再养猫了。可是后来，我偶然遇见了一只同样品种的猫，它在之前的猫去世的那天出生。该不会是那孩子的转世吧——如今想来，这样的想法非常愚蠢，但以此为契机，我又开始和猫一起生活。令人惊讶的是，尽管外表看起来相似，但它的性格和之前的猫完全不同。这时我才第一次体会到，原来猫也有不可替代的个性。虽然我的初衷是写"普通猫"的通史，但实际上并不存在所谓的"普通猫"。书写近现代猫的通史，在某种意义上等同于把充满个性的猫们硬生生地塞进"普通猫"的范畴。可是，要保持着这些不可替代的个性来叙述猫的通史又非常困难。回忆个别猫的随笔比比皆是。我所追求的，不是将这些回忆收集成册，而是在客观的历史叙述中融入猫的个性。然而，以不会说人话的猫为题材，究竟能否做到这一点，至今我仍未得出答案。今后我将继续思考这个问题。

为了撰写本书，我积累了超过40万字的备忘录。大幅删减后写成的初稿仍有将近20万字，最终又删减了4万字。有些内容想写却没能写出来，有些删减则属忍痛为之。算上这些被删除的部分，加上写作过程中涌现的新思路，现在我手头上的材料已经够写好几本和猫相关的书。包括如何在历史叙述中融入猫的个性这个问题在内，如果有机会，我还想再写写和猫有关的书。

尽管和初稿相比，已经删减了很多，但最终稿的页数依旧大幅超过了原本的计划。在这里，我要特别感谢编辑负责人吉川弘文馆的富冈明子女士，她尽可能多地使用了我的手稿，并灵活地满足了我的各种要求。另外，帮我收集资料、整理数据、校对文稿的是宫谷菜月女士。对热爱动物尤其喜欢狗的她而言，或许书中有一些不愿看到的描述，但她还是细心地完成了工作。在此我要向她致以深切的谢意。

此外，和猫相关的同人志或杂志中，很多没有被图书馆收藏，因此收集起来非常困难。特别是一部分日本猫会会刊 *Neko*、一部分日本猫爱好会会刊《猫》、JCA 的会刊 *CAT*、杂志《猫杂志》、永野忠一的早期著作、福田忠次的《猫通信》和八锹真佐子的《猫漫画新闻》等，除了这些之外也还有很多我想看却没能看到的材料。有关猫的资料往往会被轻易丢弃，而与猫相关的组织也常因核心人物的退出或去世而消失，因此我深切体会到，这些团体的相关人士有必要留下记录。如果本书的读者之中有人觉得自己手头上和猫有关的资料或许不在图书馆收藏范围之内，请务必与我联系。我希望这些资料不要被淹没于历史的长河之中，而是能得到妥善保管，为将来所用。

2021 年 3 月

真边将之

注　釈

第一章　猫的"黎明前"：前近代猫的形象

1　辻惟雄『奇想の系譜』ちくま学芸文庫、2004年。
2　『花紅葉錦伊達傘』蔦屋吉藏、1842年。
3　『朧月猫草紙』山本平吉、1842-1849年。
4　津田真弓「歌川国芳画『朧月猫草紙』と猫図」『浮世絵芸術』152、2006年。
5　「猫の鑑定法」『農業雑誌』427、1891年。
6　『読売』1876年6月1日。
7　前田憲司「落語にでてくる猫たち」菊地真・日本招猫倶楽部編『招き猫の文化誌』勉誠出版、2001年。
8　水木京太「「不完全な家」にて」『中央公論』1926年1月号。
9　愛猫生「猫肉を食用に供すべき事」『農業雑誌』246、1886年。
10　『田代管見録』宮城県立図書館所蔵。
11　松谷みよ子編著『女川・雄勝の民話』国土社、1987年。
12　『読売』1878年1月26日。
13　川島秀一「漁村の世間話」『昔話伝説研究』15、1989年。
14　前掲川島秀一「漁村の世間話」。
15　中山太郎「ネコガミサマ」『日本民俗学辞典』梧桐書院、1941年。
16　長野忠一『猫の幻想と俗信』習俗同攻会、1978年。

17　渡部義通『猫との対話』文芸春秋、1968 年。
18　田中貴子『鈴の音が聞こえる』淡交社、2001 年。
19　鹿島万兵衛『江戸の夕栄』中公文庫、1977 年。
20　近代日本文学大系第 13 巻『怪異小説集』国民図書、1927 年。
21　『続日本随筆大成』9、吉川弘文館、1980 年。
22　『読売』1877 年 11 月 8 日。
23　伊東専三「造猫の玩弄物」『魯文珍報』9、1877 年。
24　「珍猫百覧会の前報告」『魯文珍報』16、1878 年。
25　『朧月猫草紙』三編上の巻、山本平吉、1845 年。
26　『読売』1880 年 11 月 9 日。

第二章　近代猫形象的诞生：猫"翻身做主"的过程

1　木崎愛吉編『頼山陽全書　文集』頼山陽先生遺蹟顕彰会、1931 年。
2　野田笛浦『海紅園小稿』野田鷹雄、1881 年。
3　日本近代思想体系 10『学問と知識人』岩波書店、1988 年。
4　『席上作文集』稲垣茂郎发行。
5　『英華集』韶陽会。
6　「猫徳」『少年世界』1-19、1895 年。
7　藤井曹太郎述『涵徳即席ばなし』備福活版社、1885 年。
8　「好きと嫌ひ」『読売』1903 年 10 月 19 日。
9　南方熊楠ほか『熊楠と猫』共和国、2018 年。
10　以上，内田魯庵『きのふけふ』博文館、1916 年，同『獏の舌』春秋社、1925 年。
11　夏目漱石『吾輩は猫である』大蔵書店・服部書店、1905-07 年。
12　大仏次郎「客間の虎」『猫のいる日々』徳間文庫、2014 年。
13　三遊亭円朝口述『真景累ヶ淵』井上勝五郎、1888 年。
14　中坂まとき「奇々猫論」『魯文珍報』16、1878 年。
15　石田孫太郎「小猫を迎ふ」『衛生新報』47、1908 年。

第三章　国家掀起的"猫热潮"：猫的三日天下

1　藪野椋鳥「鼠捕り」『文芸倶楽部』1908 年 10 月号。
2　週刊朝日編『値段の明治・大正・昭和風俗史』上、朝日文庫、1987 年。
3　「猫と鼠」『東京朝日』1906 年 12 月 11 日。
4　今泉秀太郎『一瓢雑話』誠之堂、1901 年。
5　北里柴三郎「「ペスト」病予防に関するコッホ氏の意見」『中外医事新報』682、1908 年。
6　Andrew Buchanan "Cats as Plague Preventers", *The Indian Medical Cazette*, 42-10, 1907.
7　「英国に於ける猫の権勢」『読売』1908 年 8 月 25 日。
8　「伝染病研究所の猫研究」『東京朝日』1908 年 8 月 27 日。
9　『防疫之栞』警眼社、1912 年。
10　「猫畜飼養に関する告諭」『婦人衛生雑誌』231、1909 年。
11　1909 年 2 月 19 日竹早衛生組合長宛東京市小石川区長通牒、文京ふるさと歴史館所蔵。
12　「一事が万事」『読売』1909 年 2 月 9 日。
13　前掲「一事が万事」。
14　「猫の戸口調査」『東京朝日』1908 年 8 月 12 日。
15　「猫の数」『文芸倶楽部』1908 年 9 月号。
16　神田紫芳「猫の全盛」『文芸倶楽部』1908 年 10 月号。
17　前掲「猫の数」。
18　前掲神田紫芳「猫の全盛」。
19　「横浜の飼猫奨励」『東京朝日』1909 年 6 月 26 日。
20　「横浜市の猫」『読売』1909 年 11 月 6 日。
21　「飼猫奨励に関する件（三重県）」東京都公文書館所蔵『各種会議』、府明Ⅰ明 42-006。
22　「猫貰ひの困難」『大阪朝日』1908 年 10 月 25 日朝刊。
23　「飼猫販売所」『東京朝日』1908 年 9 月 22 日。
24　「三面時事」『読売』1908 年 8 月 18 日。

25 「猫価」『東京朝日』1898年7月10日。
26 「猫の市」『東京朝日』1909年6月4日。
27 「動物界消息」『東京朝日』1909年3月15日。
28 「独逸より猫の輸入」『読売』1909年1月28日。
29 「捕鼠の上手な猫来る」『読売』1909年8月31日。
30 「猫本部猫司令」『読売』1909年1月23日。
31 石田孫太郎「猫の研究」『時事新報』1908年12月7日。
32 「猫六万頭」『東京朝日』1908年8月20日。
33 平岩米吉「猫の珍しい記録」『動物文学』169、1966年。
34 前掲「横浜市の猫」。
35 宮島幹之助『動物と人生』南山堂、1936年。
36 「私は猫でございます」『農業世界』16-15、1921年。
37 岩藤章「「猫いらず」自殺に就て」『警察協会雑誌』272、1923年。
38 生方敏郎『明治大正見聞史』中央公論社、1978年。
39 前掲岩藤章「「猫いらず」自殺に就て」。
40 国立公文書館所蔵『公文類纂』大正12年第16巻「帝国議会六・答弁書」。
41 阿部真之助「猫のアパート」『文芸春秋』1951年12月号。
42 片山茂穂「猫の死」金崎肇編『悲しみの猫』日本猫愛好会、1973年。
43 若月俊一『健康な村』岩波書店、1953年。
44 早川孝太郎「猫を繞る問題一二」『旅と伝説』10-10、1937年。
45 佐藤近次「猫を飼ふ話」『星座』1-2、1946年。
46 「飼猫に就て」『婦人衛生雑誌』1916年。
47 加良田健康「通俗衛生画話（三）」『読売』1902年11月9日。
48 戸山亀太郎「猫の実利と危険」『読売』1908年8月29日。
49 前掲戸山亀太郎「猫の実利と危険」。
50 『猫と庄造と二人のをんな』創元社、1937年。
51 小西民治「猫の飼ひ方」『猫の研究』1、1935年。
52 藤田嗣治「女と猫」前掲『猫の研究』1。
53 木村荘八「猫」『木村荘八全集』第5巻、講談社、1982年、初版1921年。

54　内田清之助『猫の恋』東京出版、1946年。
55　大畑裕『最新記事論説壱万題』修学堂書店、1908年。
56　立原あゆみ「愛の身がわりとして」『猫づくし』誠文堂新光社、1979年。
57　「猫のノミと敷物の褪色」『東京朝日』1934年8月24日。
58　酔学仙人『女の秘密』有名堂、1915年。
59　生方敏郎「猫」『文芸春秋』1934年2月号。
60　北条民雄「猫料理」『いのちの初夜』創元社、1936年。
61　鈴木文史朗「猫」『新青年』8-3、1927年。
62　前掲生方敏郎「猫」。
63　生方敏郎『哄笑微笑苦笑』大日本雄弁会、1926年。
64　鹿子木東郎「愛猫家への入門知識」『農業世界』30-15、1935年。
65　「猫飼べからず」『読売』1922年4月4日。
66　「小猫を盗む職業」『読売』1908年12月3・4日。
67　「猫泥棒」『読売』1909年8月28日。
68　「猫五百匹の皮剥」『東京朝日』1912年12月31日。
69　「猫泥棒の大検挙」『読売』1922年8月13日。
70　「四千匹の猫泥棒市内を荒す」『東京朝日』1925年8月5日。
71　「夫より可愛いねこの皮抱いて警察に泣崩れる美人」『東京朝日』1926年1月22日。
72　カハ坊「犬猫泥棒」『文芸倶楽部』1912年3月号。
73　「滑稽金儲三策」『読売』1901年9月16日。
74　「猫の飼料と三味線」『読売』1919年10月2日。
75　「猫のゆくゑと三味線師の二十四時間」『アサヒグラフ』1926年3月24日号。

第四章　猫的地位提升和苦难：动物保护和震灾、战争

1　「懸賞猫競争会」『東京朝日』1908年8月17日、「猫の競争会」『都新聞』1908年8月17日。
2　「猫の研究」『都新聞』1908年8月26日。
3　オードリー監督「動物に対する東西思想の異同」『あはれみ』1、

注釈　247

1904 年。

4　柳田国男「どら猫観察記」『柳田国男全集』24、ちくま文庫、1990 年、原本 1926 年。

5　石田孫太郎『猫』求光閣、1910 年。

6　阪井久良岐「にやあ／＼展覧会前記」『ニコニコ』26、1913 年。

7　「にゃん／＼展覧会」『東京朝日』1913 年 4 月 6 日。

8　「東京市内重なる飼犬と飼猫」『読売』1901 年 10 月 28 日。

9　今川勲『犬の現代史』築地書館、1996 年。

10　堺利彦『家庭の和楽』内外出版協会、1902 年。

11　前掲堺利彦『家庭の和楽』。

12　堺枯川「我家の犬猫」動物虐待防止会、1903 年。

13　大町桂月「猫征伐」『文芸倶楽部』1905 年 11 月号。

14　室生犀星「ねこはねこ」『花雯』豊国社、1941 年。

15　室生犀星「犬猫族」前掲『花雯』。

16　「幸福なる犬猫」『東京朝日』1908 年 9 月 19 日。

17　卯木庵「家畜病院」『牧畜雑誌』307、1911 年。

18　週刊朝日編『値段の明治・大正・昭和風俗史』上、朝日文庫、1987 年。

19　飯島栄一『吾輩ハ夏目家ノ猫デアル』創造社、1997 年。

20　金々先生『商売百種　渡世の要訣』雲泉書屋、1916 年。

21　「東京家畜埋葬株式会社」『東京朝日』1909 年 6 月 20 日。

22　中村広道「東京家畜埋葬院と其檀家」『生活』1917 年 7 月号、「家畜埋蔵地の新設」『読売』1909 年 12 月 24 日。

23　胡蝶園「如是畜生発菩提心（犬猫家畜埋葬院）」『文芸倶楽部』1910 年 5 月 1 日号。

24　「犬猫の大法会」『東京朝日』1910 年 2 月 16 日。

25　「牛馬犬猫死して余栄あり」『東京朝日』1910 年 4 月 19 日。

26　「家畜の為めに」『東京朝日』1916 年 9 月 24 日。

27　「文鳥や河鹿のお葬式」『東京朝日』1917 年 9 月 24 日。

28　小川哲男「犬猫族墓地繁盛記」『旅』25-9、1951 年。

29　「有縁無縁の畜類追善供養にけふ各宮家からお使ひ」『読売』1923 年 3 月 22 日。

30 「犬猫が人間異常に葬られる」『経済マガジン』1937年7月号。
31 週刊朝日編『値段の明治・大正・昭和風俗史』上・下、朝日文庫、1987年。
32 前掲中村広道「東京家畜埋葬院と其檀家」。
33 成沢玲川「米国物語（七）」『東京朝日』1916年12月5日。
34 『日本漫画会大震災画集』金尾文淵堂、1923年。
35 宮武外骨『震災画報』第5冊、半狂堂、1924年。
36 水木京太「「不完全な家」にて」『中央公論』1926年1月号。
37 荒野耕平編『震災ロマンス』誠進堂書店、1923年。
38 内外教育資料調査会『教育資料　大震大火の美談と惨話』南光社、1923年。
39 「池村あかこさんが死者と動物の供養」『読売』1923年12月19日、「持つて生れた慈善狂」『東京朝日』1924年1月13日、「日米婦人が動物愛護」『読売』1926年4月7日。
40 「パーネット夫人が動物愛護で池村赤子さんと提携」『読売』1926年11月15日、「動物の養老院」『読売』1927年11月13日。
41 「生涯、犬猫の母で暮さうと云ふ女」『読売』1929年1月16日、「産児制限もやる犬ねこのホテル」『東京朝日』1929年5月24日夕刊。
42 「犬と猫の日」『東京朝日』1933年5月29日、「動物愛護週間」『東京朝日』1935年5月29日。
43 「雀の子は泣く」『読売』1936年11月17日、「猫釣り雀の子悲しく昇天」『読売』1936年11月18日夕刊、「閻魔の庁へ出たら無罪にして貰ふよ」『読売』1936年12月10日夕刊。
44 『帝國議会衆議院委員会議録114　昭和篇』東京大学出版会、1996年。
45 田島三郎「動物愛」『警察協会雑誌』473、1939年10月1日。
46 「犬猫に代り感謝状」『東京朝日』1940年2月20日。
47 『官報』1940年3月29日、同31日。
48 「犬猫に累せられる国民」『祖国』1940年5月号。
49 「犬も死して皮を残すゾ」『東京朝日』1940年8月25日夕刊。
50 「その後の犬猫問題」『祖国』1940年10月号。
51 「家猫の飼育法」『東京朝日』1938年4月28日。

52　北海道緬羊協会編『北海道緬羊史』北海道緬羊協会、1979 年。
53　「家兎屠殺制限規則公布の件」防衛省防衛研究所所蔵『壱大日記　昭和十四年八月』。
54　西田秀子「アジア太平洋戦争下　犬、猫の毛皮供出献納運動の経緯と実態」『札幌市公文書館事業年報』第 3 号別冊、2016 年。
55　雪印乳業史編纂委員会編『雪印乳業史』1、雪印乳業、1960 年。
56　上村英明『ワンニャン探偵団』ポプラ社、1984 年。
57　井上こみち『犬やねこが消えた』学習研究社、2008 年。
58　前掲井上こみち『犬やねこが消えた』。
59　青木政子「戦時下悲劇の犬猫たち」『猫』1984 年夏至号。
60　池田ゆき子「犬を連れて」暮らしの手帖編『戦争中の暮らしの記録』暮らしの手帖社、1969 年。
61　前掲上村英明「ワンニャン探偵団」。
62　八王子市郷土資料館所蔵。
63　福原麟太郎『猫』宝文館、1951 年。
64　白根喜美子「猫」『愛犬の友』1958 年 7 月号。
65　田部トシ子「四〇年経って」『猫』1983 年立冬号。
66　「私の猫」『毎日』2012 年 8 月 3 日、「戦争中、タマは毛皮になったのか」『毎日』2015 年 8 月 12 日。
67　前掲『雪印乳業史』1。
68　前掲西田秀子「アジア太平洋戦争下犬、猫の毛皮供出献納運動の経緯と実態」。
69　防衛省防衛研究所所蔵『昭和二十年度戦用被服出納簿　札幌陸軍被服支廠』。
70　前掲上村英明「ワンニャン探偵団」。
71　川西玲子『戦時下の日本犬』蒼天社出版、2018 年。
72　前掲「戦争中、タマは毛皮になったのか」。
73　石川忠義「畜犬撲殺」『日本犬』12-6、1943 年。
74　前掲『雪印乳業史』1。
75　島木健作「黒猫」『新潮』1945 年 11 月号。
76　井東憲「群猫図」『動物文学』89、1943 年。

77	阿部真之助「猫のアパート」『文藝春秋』1951年12月号。
78	岩田万里子ほか『猫の環』日本猫愛好会、1983年。
79	清水哲男『詩に踏まれた猫』出窓社、1998年。
80	土屋英麿「東京の猫、名古屋の猫、大阪の猫」『猫』1972年3月・4月合併号。
81	鯉沼三子「戦争と猫」『猫』1980年立冬号。
82	白根喜美子「猫」『愛犬の友』1958年7月号。
83	杉本治子「空襲の夜の猫」『動物文学』129、1955年。
84	市川翠扇『猫と私の対話』海潮社、1972年。
85	金崎肇『ねこネコ人間』創造社、1973年。

第五章　猫的战后复兴和经济高速增长：猫的"婴儿潮"

1	黒田昭子『猫つれづれ草』日本猫愛好会、1982年。
2	及川甚吉「東京の猫」『少国民の友』1946年5月号。
3	「猫百円で買います」『時事新聞』1948年2月26日。
4	鯉沼三子『団地の猫』日本猫愛好会、1978年。
5	暮らしの手帖編『戦争中の暮らしの記録』暮らしの手帖社、1969年。
6	花輪莞爾『猫学入門』小沢書店、1997年。
7	江口榛一「ねこを捨てに」『小学三年』1949年5月号。
8	東武労組機関誌『進路』1947年6月特別号。
9	石田雄『一身にして二生、一人にして両身』岩波書店、2006年。
10	「一日八十四石平げる都の幽霊四万人　猫も人間にして登録」『朝日』1945年11月28日。
11	「犬のゐる家は後廻し」『九州タイムズ』1946年6月16日。
12	秋田徳造「夏目漱石の『猫』と食物」『栄養の日本』1938年6月号。
13	時任為文「鳥飯とオシヤマス鍋」『飛驒白川郷異聞』郷土資料調査会、1933年。
14	渡口初美『沖縄の食養生料理』国際料理学院、1979年。
15	北条民雄「猫料理」『いのちの初夜』創元社、1936年。
16	木田雅三『性を強くする法』三洋出版社、1961年。

17　多田鉄之助『媚味善哉』北辰堂、1957年。
18　前掲北条民雄「猫料理」。
19　前掲木田雅三『性を強くする法』。
20　「犬猫の肉を売る」『朝日』1941年9月23日。
21　相沢数生「猫を食う」『鶏友』667、1993年。
22　佐藤垢石「岡鰒談」『続たぬき汁』星書房、1946年。
23　佐藤垢石『河童のへそ』栗書房、1952年。
24　「波」『中国新聞』1946年5月21日。
25　松井明夫「九州の旅から」『棋道』1947年3月号。
26　「牛肉不足もドコ吹く風」『長崎民友』1948年5月5日。
27　神島二郎ほか「座談会　若き日の橋川文三」『思想の科学』1984年6月臨時増刊号。
28　「一大デマ「M社のハンバーガーに猫の肉が入っている」の伝わり方」『週刊文春』1973年12月24日号。
29　柿内君子「シャム猫」『愛犬の友』1958年9月号。
30　「捨ネコ偶感」『北海道新聞』1948年9月26日。
31　「捨犬と捨ネコ」『朝日』1950年7月27日。
32　『木村荘八全集』第8巻、講談社、1983年。
33　原田正純『水俣・もう一つのカルテ』新曜社、1989年。
34　有馬澄雄編『水俣病』青林舎、1979年。
35　「あわれ水俣のネコ」『朝日』1968年9月9日。
36　前掲有馬澄雄編『水俣病』。
37　金崎肇「"猫"の発刊の頃の思い出」『猫』1994年立春号附録。
38　山本千枝子「タイ国と日本を結んだシャム猫」愛犬の友編集部『ネコの飼い方ガイド』愛犬の友社、1971年。
39　「話の港」『読売』1956年5月20日夕刊。
40　「ひっかきますわよ"お墨付き"をめぐるシャムネコ騒動」『週刊読売』1962年2月18日号。
41　松井明夫「ねこ談義ABC」『愛犬の友』1962年7月号。
42　佐藤義郎「日本捨猫防止会のこと」『猫の会』1963年12月号。
43　内田百閒『ノラや』中公文庫、1980年。

44　丘洋子「猫を見直そう」『愛犬の友』1963年2月号。
45　金崎肇「猫を飼っている家」『ねこ』1961年12月号。
46　「家庭飼育の小動物の統計」『愛犬の友』1959年11月号。
47　『読売』1970年11月6日。
48　『読売』1973年9月20日。
49　三輪秀彦『猫との共存』早川書房、1972年。
50　「身近な言業の歴史を考える」『東大新聞オンライン』2019年2月21日。
51　「近所めいわく」『読売』1962年1月13日。
52　「犬が猫にやった二万円のゆくえ」『週刊公論』1961年2月20日。
53　「ネコへ慰謝料」『読売』1961年2月2日。
54　「ネコがイヌに殺され世界初の慰謝料裁判」『読売』1961年1月22日夕刊、「ネコへ慰謝料」『読売』1961年2月2日。
55　「猫愛好会だより」『猫の会』1963年9月号。
56　谷崎潤一郎「猫と犬」『当世鹿もどき』中央公論社、1961年。
57　佐藤義郎「東京ネコ権デー記」『ねこ』1962年2月号。
58　木村喜久弥『ネコ』法政大学出版局、1958年。
59　『週刊ペット百科』34、1975年。
60　「動物愛護のために」『読売』1963年9月24日。
61　「ペットブームのかげに」『読売』1969年9月16日。
62　「ペットブームのかげに」『読売』1969年9月16日。
63　松本恵子『随筆　猫』東峰出版、1962年。
64　寺村竜太郎『猫』井上書店、1958年。
65　福田忠次「日本ネコの会"ネコ権デー"のつどいの皆様へ」『ねこ』1962年2月号。
66　「御用になった"ネコ族の敵"」『週刊文春』1962年6月11日号。
67　藤井洋子「恐ろしいこと」『ねこ』1962年9月号。
68　「納得しない愛護団体」『朝日』1965年1月23日。
69　「しっぽ巻いて引き揚げ」『読売』1965年1月24日。
70　「ネコ取り屋大挙上京」『朝日』1971年7月10日。
71　「"ネコの敵"ニャロメとご用」『読売』1971年10月28日夕刊。
72　「"飼いネコの敵"再び上京」『読売』1972年1月25日。

73　「ニャンともならぬネコ泥棒」『朝日』1972 年 2 月 7 日夕刊。
74　加納勇『ネコの飼い方』金園社、1976 年。
75　国立公文書館蔵『太政類典』第 1 編第 190 巻「刑律・刑律二」。
76　『太政類典』第 2 編第 346 巻「刑律二・刑律二」。
77　国立公文書館蔵『公文録』第 202 巻、明治 7 年 1 月「司法省伺一」。
78　『太政類典』第 4 編第 57 巻「刑律・刑律」。
79　『官報』第 7579 号、1908 年 9 月 29 日。
80　『官報』第 6386 号、1948 年 5 月 1 日。
81　「"ネコの敵"追放運動」『読売』1971 年 10 月 29 日。
82　「北風の東京　ネコ取り被害者の会」『読売』1971 年 12 月 28 日。
83　「ネコ騒動やっと"休戦"へ」『読売』1971 年 11 月 18 日。
84　染川明義「滅びゆく自文化」『部落解放』435、1998 年、石村定夫「犬猫供養祭」『季刊邦楽』45、1985 年。
85　辻本正教「三味線の猫皮問題に部落民の人間としての尊厳をかける」『部落解放』435、1998 年。
86　長田弘『ねこに未来はない』晶文社、1971 年。
87　『日本住宅公団一〇年史』日本住宅公団、1965 年。
88　前田美千彦「団地でネコも暮らせるか」『ねこ』1968 年 11 月号。
89　「団地での猫の飼い方」『ねこ』1965 年 6 月号。
90　「イヌ、ネコの飼育を禁止」『読売』1965 年 3 月 28 日。
91　『犬猫飼育問題について』住宅・都市整備公団関西支社管理部一般管理諸問題研究会、1990 年。
92　森田潤三『ネコものがたり』隣人社、1969 年。
93　「ペットに愛を　手を結ぶ愛好家たち」『読売』1978 年 9 月 23 日。
94　前掲『犬猫飼育問題について』。
95　山本弘文編『交通・運輸の発達と技術革新』国際連合大学、1986 年。
96　国土交通省ウェブサイト「道路統計年報」。
97　「"遺体処理"大忙し」『朝日』1964 年 4 月 18 日。
98　「まったく犬死」『朝日』1970 年 2 月 3 日。
99　「ネコ族受難時代　住宅難や交通事故死」『朝日』1968 年 11 月 8 日。
100　佐藤義郎「日本愛猫家団体協議会のこと」『猫』1965 年 12 月号。

101 「動物虐待防止会議」『ねこ』1963 年 12 月号。
102 『ねこ』1964 年 6 月号。
103 「動物虐待防止の運動」『猫』1965 年 11 月号。
104 「全日本動物愛護連盟はやくも全日本動物愛護団体協議会と改称」『ねこ』1965 年 12 月号。
105 「動物愛護のために」『読売』1963 年 9 月 24 日。

第六章　現代猫生活的建立：经济高速增长时期结束之后

1 『週刊ペット百科』34、1975 年。
2 「ペット様に役所当惑」『読売』1974 年 4 月 5 日夕刊。
3 『週刊ペット百科』33、1975 年。
4 前掲「ペット様に役所当惑」。
5 「捨てネコの処置」『読売』1954 年 11 月 6 日。
6 「ネコ界での問題点」『ねこ』1974 年 12 月号。
7 田中八重『おひげコレクション』日本猫愛好会、1970 年。
8 竹井誠「ペット・フード缶詰について」『ニューフードインダストリー』1962 年 8 月号。
9 乾信一郎『ネコの小事典』誠文堂新光社、1966 年。
10 生方敏郎「猫」『文芸春秋』1934 年 2 月号。
11 岩田江美『猫からの手紙―飼い猫の実態調査』私家版、1971 年。
12 岩田万里子ほか『猫の環』日本猫愛好会、1983 年。
13 「鼠を獲らなくなった猫」『キャットライフ』1975 年 5 月号。
14 「我が輩はネズミを捕らぬ」『朝日』1976 年 7 月 25 日。
15 長田弘『ねこに未来はない』晶文社、1971 年。
16 「動物異変しきり」『朝日』1973 年 4 月 5 日、「ネコ水俣病「胎児性」も出る」『朝日』1974 年 6 月 14 日。
17 井沢房子『猫とともに』日本猫愛好会、1985 年。
18 若山奈都代『猫とわが家の歴史』日本猫愛好会、1988 年。
19 羽仁みお「猫と結婚しています」『キャットライフ』1973 年 5 月号。
20 「安心して魚を食べたい」『キャットライフ』1973 年 9 月号。

21　D・K・オザワ「猫のフードと栄養について」『愛犬の友』1969年3月号。
22　「猫用のマグロのカンズメ」『猫』1968年7月号。
23　「猫舌」『ねこ』1962年3月号。
24　『ネコの飼い方ガイド』愛犬の友社、1971年。
25　加藤みゆき「猫の献立のこと」『猫』1972年3・4月合併号。
26　金崎肇『ねこネコ人間』創造社、1973年。
27　「初の国産ネコのエサ」『読売』1972年9月23日、「国産初のネコのエサ」『朝日』1972年10月4日。
28　「猫の食生活に革命が起こる！?」『キャットライフ』1976年6月号。
29　「今や犬抜き "ペットの主役"」『読売』1978年11月30日。
30　『ペットデータ年鑑＆ペット産業二五年史』野生社、1997年、『ペットデータ年鑑2009』野生社、2008年。
31　「ペット哀話　都会人並み　病んでます」『読売』1984年1月14日。
32　「動物たちの現代病」『読売』1985年6月4日。
33　ふくだ・ただつぐ「続ニイ君のおもひで」『猫の会』1963年7月号。
34　前掲岩田江美「猫からの手紙―飼い猫の実態調査」。
35　坂楓「黒く焼いた竹垣の柱で」日本猫愛好会、1965年前後。
36　川瀬みつよ「猫の住居　きゃってりぃ考現学」『愛犬の友』1967年5月号。
37　三輪秀彦「ペットになったネコの話」『読売』1975年12月11日夕刊。
38　厚生労働省「賃金構造基本統計調査」。
39　金崎肇『猫の百科事典』日本猫愛好会、1965年。
40　前掲三輪秀彦「ペットになったネコの話」。
41　木村荘八「猫」『木村荘八全集』第5巻、講談社、1982年、初版1921年。
42　丘羊子「セント・エリザベス病院の猫たち」『愛犬の友』1963年12月号。
43　「猫が歌うニューポップス」『ペット経営』1977年11月号。
44　『猫　優雅と野生の貴族』毎日新聞社、1977年。
45　『ねこの絵集』クイックフォックス社、1977年。
46　「加熱するネコ・ブーム」『芸術新潮』29-1、1978年。

47 西川治『ねこ maminette』ベストセラーズ社、1971年。
48 西川治『ズッケロとカピートに仔猫が生まれた』草思社、1978年。
49 熊井明子・西川治『夢色の風にのる猫』サンリオ、1978年。
50 岩合光昭『愛するねこたち』講談社、1978年。
51 広田靚子・山崎哲『ねこ』保育社、1978年。
52 深瀬昌久『サスケ!! いとしき猫よ』青年書館、1978年。
53 『猫の本』山と渓谷社、1978年。
54 大佛次郎『猫のいる日々』六興出版、1978年。
55 庄司薫『ぼくが猫語を話せるわけ』中央公論社、1978年。
56 鴨居羊子『のら猫トラトラ』人文書院、1978年。
57 「猫の本」『猫』1967年8月号。
58 「ニャぜかネコブーム」『朝日』1978年2月3日。
59 「"愛猫族"大よろこびのネコ・ブーム」『週刊読売』1979年1月21日号。
60 小林まこと『What's Michael?』講談社、1984年。
61 「ネコがイヌ追い抜く フード年間売上高 急上昇」『猫』1993年立春号。
62 「ニャーニャーたる猫ブームに犬派からワンワンたる反論あり」『週刊現代』1978年3月2日号。
63 『マイノート 14 ネコ』鎌倉書房、1980年。
64 「猫の本」『キャットライフ』1978年12月号。
65 「すてんなよ! 「猫ブーム」といわれる陰で」『週刊サンケイ』1981年12月10日号。
66 「特集 再び猫との生活を考える」『猫の手帖』1981年2月号。
67 「検証ネコ受難時代」『週刊読売』1989年7月23日号。
68 「愛読者アンケート報告」『キャットライフ』1980年6月号。
69 「緊急座談会 ネコも放し飼いはできなくなる?」『キャットライフ』1979年10月号。
70 関谷佐多子「増える野良ネコ不妊手術普及を」『猫』1986年秋分号。
71 「ペット条例修正を愛護――団体が申し入れ」『キャットライフ』1979年10月号。

72　仁木悦子『猫は知っていた』大日本雄弁会講談社、1957年。
73　「"文化的怒り"　ネコ応援団」『読売』1979年10月12日。
74　「"東京ペット条例"反対　台風下のデモ進行」『キャットライフ』1979年11月号。
75　「"ネコ条例"逃げ足」『読売』1979年10月18日、「都のペット条例一部修正で可決」『読売』1979年10月19日。
76　「編集室から」『キャットライフ』1978年12月号。
77　「ネコを真に愛する者は」『朝日』1979年10月18日。
78　「猫の郵便屋さん」『読売』1950年12月5日夕刊。
79　松本恵子『随筆　猫』東峰出版、1962年。
80　斉藤寿美『猫の腰元』日本猫愛好会、1979年。
81　「トラブルのいきつく先、都の動物管理事務所を訪ねてその実態を聞いてみました」『猫の手帖』1981年2月号。
82　「不用意に増やした猫や、捨てられた猫は、こんな運命をたどるのです」『猫の手帖』1981年2月号。
83　「動物管理センター　愛護団体が「待った」」『読売』1983年2月23日。
84　前掲「トラブルのいきつく先、都の動物管理事務所を訪ねてその実態を聞いてみました」。
85　前掲「不用意に増やした猫や、捨てられた猫は、こんな運命をたどるのです」。
86　「猫の島、相島続報」『猫の手帖』1981年4月号。
87　小島梅代「猫騒ぎ、勝手過ぎる人間」『読売』1983年9月18日、一乗谷かおり「四〇〇〇匹の子猫たちが愛媛の島々に"出陣"した話」『サライjp』、2017年11月、https://serai.jp/hobby/278698。
88　原田政章『段々畑』アトラス出版、2007年。
89　「登録制がはじまりました。これで本当に猫が幸福になるでしょうか？」『猫の手帖』1981年2月号。
90　「猫嫌われちゃった？」『読売』1983年1月19日。
91　石川祐一編『動物たちのためにできること　杉本等追悼集』サンハウス、2017年。
92　株式会社Wizleap「犬猫の避妊と殺処分に関する意識調査」(https://

hoken-room.jp/pet/7946)。

93 「愛猫家の悩みは"悪臭"」『読売』1986年1月19日。
94 「犬、猫の避妊手術に奨励金」『猫』1979年盛夏号。
95 「文京区がノラ猫不妊手術作戦」『朝日』1991年2月23日。
96 「伊豆大島噴火と動物・ペットたち」『猫』1986年冬至号。
97 「雲仙・普賢岳被災猫の里親探し」『アサヒグラフ』1993年3月19日号。
98 『大地震の被災動物を救うために』兵庫県南部地震動物救援本部、1996年。
99 「犬や猫にも残る後遺症」『読売』1995年4月1日。
100 前掲『大地震の被災動物を救うために』。
101 生方敏郎「老猫とお君さん」『新青年』8-3、1927年。
102 木村荘八「私の猫達」『木村荘八全集』第5巻、講談社、1982年。
103 井伊義勇『猫』角川新書、1958年。
104 永野忠一『猫の民俗誌』習俗同攻会、1986年。
105 林谷秀樹ほか「動物霊園のデータを用いた猫の平均余命の推定とその疫学的考察」『日本獣医学雑誌』51-5、1984年。
106 林谷秀樹ほか「我が国の犬と猫の平均寿命と死因構成」『JSAVA NEWS』156、2017年。
107 山田今朝吉「戦前・戦後における小動物(犬・猫)疾患の変遷について」1〜6、『獣医畜産新報』691〜697、1979年。
108 「ホットインタビュー前川博司」『キャットライフ』1978年8月号。
109 石田卓夫「猫の医学の変遷と将来」『獣医畜産新報』70-8、2017年。
110 「イヌ13.2歳、ネコ11.9歳平均寿命最高に」『日本経済新聞』2016年9月14日夕刊。
111 清水健児「猫を飼って50年」『猫』1988年立夏号。
112 「子猫の住む路地に消毒液がまかれた」『朝日』1993年12月14日。
113 「街ぐるみで飼う「地域猫」」『朝日』1998年11月29日、加藤謙介「「地域猫」活動における「対話」の構築過程」『ボランティア学研究』6、2005年。
114 「街が飼い主 「地域猫」」『読売』1999年1月29日夕刊。
115 『猫びより』辰巳出版、2000年、『ねこ』ネコ・パブリッシング、2001

年、『猫 Chat Vert』アポロ出版、2001 年、『ネコまる』辰巳出版、2002 年、『ねこ倶楽部』誠文堂新光社、2003 年、『ねこのきもち』ベネッセコーポレーション、2005 年。

116 『ねこのしっぽ』日本出版社、2004 年、『ねこかん』学習研究社、2006 年、『ねこぱんち』少年画報社、2006 年、『ねこだま』あおば出版、2006 年、『ねこのあくび』ぶんか社、2006 年、『ねこメロ！』幻冬舎コミックス、2007 年、『ねことも』秋水社、2009 年、『ねこ Q』ホーム社、2010 年。

117 「ペット数ついに猫が犬超え」『朝日』2017 年 12 月 23 日。

118 森岡清志・北川由紀彦『都市と地域の社会学』放送大学教育振興会、2018 年。

119 前掲清水健児「猫を飼って 50 年」。

图书在版编目(CIP)数据

猫走过的近现代:从妖怪到家人/(日)真边将之著;袁甲幸译.--北京:社会科学文献出版社,2025.1.--(樱花书馆).--ISBN 978-7-5228-4050-5

Ⅰ.K109;Q959.838-49

中国国家版本馆CIP数据核字第2024MH6059号

·樱花书馆·

猫走过的近现代:从妖怪到家人

著　　者　/　[日]真边将之
译　　者　/　袁甲幸

出 版 人　/　冀祥德
组稿编辑　/　杨　轩
责任编辑　/　胡圣楠
文稿编辑　/　邹丹妮
责任印制　/　王京美

出　　版　/　社会科学文献出版社（010）59367069
　　　　　　　地址：北京市北三环中路甲29号院华龙大厦　邮编：100029
　　　　　　　网址：www.ssap.com.cn
发　　行　/　社会科学文献出版社（010）59367028
印　　装　/　北京盛通印刷股份有限公司

规　　格　/　开　本：889mm×1194mm　1/32
　　　　　　　印　张：8.375　字　数：178千字
版　　次　/　2025年1月第1版　2025年1月第1次印刷
书　　号　/　ISBN 978-7-5228-4050-5
著作权合同
登 记 号　/　图字01-2023-4439号
定　　价　/　89.00元

读者服务电话：4008918866

版权所有 翻印必究